냄새나는 예수

믿음이란 한 알의 밀알이 땅에 떨어져 죽음으로 많은 열매를 맺음과 같이 진리의 열매를 위하여 스스로 죽는 것을 뜻합니다. 눈으로 볼 수는 없으나 영원히 살아 있는 진리와 목숨을 맞바꾸는 자들을 우리는 믿는 이라고 부릅니다.
「믿음의 글들」은 평생, 혹은 가장 귀한 순간에 진리를 위하여 죽거나 죽기를 결단하는 참 믿는 이들의, 참 믿는 이들을 위한, 참 믿음의 글들입니다.

냄새 나는 예수

김경열 지음

홍성사

추천사

　김경열 선교사의 자전적 에세이집《냄새나는 예수》는 불우한 어린 시절을 승화시킨 회심과 변화된 삶, 그리고 성령의 지시를 통한 선교로의 부르심이 한 편의 드라마처럼 잘 엮였다.
　이 책은 그가 남아프리카공화국에서 10년 동안 선교사로 사역하면서 보고 듣고 느끼고 생각하고 기도한 내용을 가감 없이 쓴, 가슴에 와 닿는 이야기 선교학이다. 선교는 건물을 짓거나 돈으로 돕는 것이 아니라, 현지 지도자를 양육하고 깨워서 스스로 교회를 일으키게 하는 것이 최상의 방법임을 그는 증명했다. 그것이 이른바 이동 신학교 시스템이다. 한마디로 자체 건물 없이 강사들이 팀을 이루어 선교 현지 지도자를 찾아가서 재교육하는 새롭고 성공적인 선교 모델이다.
　이 책이 한국 교회의 선교 사역에 새로운 방향을 제시하는 이정표가 되길 바라며, 선교사 후보나 선교 후원자들에게 일독을 권한다.

　　　　　　　　- 정성구(전 총신대학교 총장, 전 대신대학교 총장)

사랑하는 제자인 김경열 목사는 총신대학원에서 나의 지도 하에 레위기 연구로 박사 과정을 밟던 중, 어느 날 성령의 신령한 지시를 받고 남아공 땅으로 훌쩍 선교를 떠났다. 그리고 지난 10년 동안 아프리카 땅을 훌륭하게 섬겨 왔다. 이 책은 단순한 선교 보고가 아니라 어린 시절의 불우한 환경을 극복한 신앙 여정을 감명 깊게 묘사한 자서전이자, 선교 현장에서 만난 하나님을 이야기한 고백록이다.

어린 시절 어려움을 겪은 바 있기에 그는 아프리카에서도 냄새나는 가난한 자들을 섬길 수 있었을 것이다. 이런 섬김과 사랑을 통해 그는 아프리카의 인간애 정신인 '우분투' 정신을 발견했다. 그는 아프리카 선교를 위해 우분투 정신을 기독교 정신으로 재해석하여 공존의 세계를 만들자고 제안한다.

나는 이 책을 읽으면서 하나님의 일은 돈이 아니라, 그분의 비전에 따라 사는 데서 시작된다는 것을 다시 확인했다. 만 40세에 늦깎이로 부르심에 반응하여 나아갔던 그를 통해 하나님은 아프리카의 교회와 사회의 변화를 위한 씨앗을 뿌리셨다. 나는 선교와 전도의 의미를 '기독교인이 자신의 삶의 영역에서 기독교인답게 사는 것'이라고 말하고 싶다. 김 선교사가 그런 사람이 아닌가 여겨져서 기쁘게 추천서를 쓰게 되었다.

- 김의원(전 총신대학교 총장, 전 백석대학교 부총장)

나는 저자와 오랜 친구요 동역자로 허물없이 지내 왔다. 김경열 선교사는 늘 해맑고 영혼이 순수한 사람이었다. 굴곡 없이 자란 평범한 인생인 줄 알았다. 최근에야 그의 인생에 이토록 가슴 시리고 아름다운 스토리가 있는지 알았다. 속칭 방석집 아들로 어린 시절을 우울하게 보낸 것이다. 지금은 험난한 시련을 딛고 아프리카에서 매력적인 선교 사역을 펼쳤으며, 레위기 연구로 해외에서 박사 학위를 취득한 구약학자가 되어 우리 앞에 우뚝 서 있다. 내가 알고 있던 과거의 그가 지금 이 모습으로 어떻게 변화되었을까? 그 답은 예수 안에서 하나님나라의 가치 혁명을 경험한 것에 있다. 그래서 그는 세상의 어두움을 담대히 이기고, 더 나아가 그분의 사랑을 세상 끝까지 전파하는 전령사가 된 것이다.

깨어진 항아리처럼 불완전한 존재라도 하나님께 붙들리면 존귀하게 쓰임 받을 수 있다는 것을 그는 삶을 통해 증명했다. 그의 이야기는 우리 모두를 향한 하나님의 사랑 이야기이기도 하다. 상처로 일그러진 자아상과 부정적인 세계관에 몸부림치고 있는 이들에게 나의 친구 아펠레스(김경열)를 만나도록 권하고 싶다. 그의 인생을 통해서 한 인간의 행복을 넘어서서 세상을 사랑으로 아름답게 물들이시는 하나님의 섬세한 손길을 경험할 수 있을 것이다.

- 이박행(목사, 복내전인치유선교센터 원장)

김경열 목사의 《냄새나는 예수》는 자전적인 솔직한 나눔이 말씀에 대한 이해와 잘 연결된 '삶이 있는 수작'이다. 내밀한 개인사를 복음으로 연결시키는 솜씨가 여간 내공이 깊은 것이 아니다. 평범해 보이는 일상을 보는 그의 눈이 독수리처럼 아주 예리하다. 《냄새나는 예수》는 우리가 흔히 놓치는 삶의 순간들을 포착해 그곳에 임한 하나님의 은혜를 충만하고 따뜻하게 묘사한다. 저자는 춥고 배고픈 어린 시절부터 남아프리카의 선교 현장에 이르기까지 남의 이야기를 모은 것이 아니라 자신이 직접 인격적으로 만난 자비하신 예수님의 이야기를 그려 내고 있어 더욱 마음에 와 닿는다. 내게 가장 감동 깊었던 장면은 그가 남아프리카 빈민촌에서 거리낌 없이 가난한 에이즈 환자를 따뜻하게 안아 주고 냄새나는 그들의 손을 잡아 주며 그들 가운데 계신 예수님을 그린 장면이다.

이 책은 저자의 바람대로 인생의 어두운 터널을 걷고 있는 많은 이들에게 희망을 품게 하는 좋은 책으로 하나님이 사용하실 것을 확신한다. 어쩌면 우리가 예수님을 만날 수 있는 곳은 화려한 옷과 말투, 세련된 매너로 무장한 그럴싸한 사람들 사이가 아니라 노동으로 굳은살이 박인 이들이 희망을 갈구하는 삶의 한가운데일 것이다.

— 박삼종(평화의마을교회 목사)

Prologue
하나님께는 낭비된 인생이란 없다

십수 년 전이었다. 나는 급류에 휩쓸린 사람을 헤엄쳐 들어가 구한 적이 있었다. 당시 한 교회 청년부 담당 목사였을 때 청년들을 데리고 말레이시아 보르네오 섬으로 단기선교를 갔었다. 힘든 사역을 마친 오후 무렵 잠시 강가에서 쉬는 중, 물놀이를 하던 청년 하나가 강한 물살을 이기지 못하고 순식간에 떠내려 가고 말았다. 녀석은 소리를 지르며 물속으로 들락날락했다. 모두가 발만 동동 구르고 있었다. 청년 중 몇 명은 수영장에서 수영을 배워 헤엄을 치긴 했으나 마치 어항 속의 금붕어나 다름없었다.

물살은 너무 빨랐다. 그러나 지체 없이 그 형제를 구하러 가야만 했다. 물속에 있다 사고를 목격한 나는 허우적거리는 그 형제를 쳐다보며 두어 번 심호흡을 했다. 그리고 불과 몇 초 사이에 죽음을 떠올렸다.

'여기서 나도 죽을지 모른다….'

녀석은 나보다 훨씬 덩치가 컸던 데다 나는 선천적으로 지구력이 매우 약했으며, 또한 물에 빠진 사람을 구할 때 자칫 함께 죽는 경우가 흔하기 때문이었다. 그렇게 죽음의 공포가 머리 위에 엄습했으나 헤엄을 치며 침착하게 그 아이에게 가까이 갔다.

온몸이 탈진한 끝에 그 아이를 극적으로 구해 냈다. 그날 저녁 우리 단기 선교팀의 예배는 눈물바다가 되었다. 나 또한 눈물의 감사 기도로 그 저녁을 보냈다. 밤중에 나는 밖으로 나와 밤하늘의 별들을 쳐다보며 홀로 하나님 앞에 잠시 기도를 드리며 나의 삶을 돌아보게 되었다.

'하나님, 이때를 위함이었군요….'

영산강 물살을 가르며 어린 시절을 보냈는데, 그때 물개처럼 급류를 탈 줄 알고 물속에서 자유자재로 움직이는 요령을 익힌 경험이 천하보다 귀하고 미래가 촉망되던 청년 한 명의 생명을 구한 것이다.

초등학교와 중학교 시절, 기억을 더듬어 보면 내 또래나 위아래 세대가 다 그랬듯이 나는 동네 아이들과 참 많이 놀며 지냈다. 공부를 못하는 편은 아니었으나, 산과 강, 들판을 돌아다니고 동네 골목에서 해질 때까지 놀기를 훨씬 좋아했었다. 그 이유 때문인지 나는 소위 일류 대학은 가지 못했는데, 그런 기준으로 보면 강가에서 온종일 물놀이하며 지내고, 겨울에는 칡을 캐러 다니고, 봄이 되면 삘기를 뽑아 먹고 아카시아 꽃을 따먹으러 다닌 일이 인생 낭비였을지 모른다.

그러나 나는 그 사건 이후 하나님께서는 낭비된 인생이란 없다는 사실을 깨달았다. 심지어 우리가 허랑방탕하게 인생을 살았다 하더라도, 악을 선으로 바꾸시는 하나님께서 그런 우리의 삶을 통해 자신의 목적과 계획을 이루실 것이라는 생각이 들었다. 하나님의 선하신 인도하심 속에서 우리 인생은 결코 버릴 것이 없으리라.

나는 만 41세의 늦은 나이에 선교사로 부름을 받았다. 한국에서 하고 싶었던 사역을 다 내려놓고 선교의 길을 떠난다는 것은 결코 쉬운 일이 아니었다. 그렇게 10년을, 어찌 보면 나의 삶의 황금기를 선교지에서 보냈다. 이 책은 그 10년의 선교사로서의 삶을 담은 책이다.

나는 하나님께서는 우리 인생의 편린 중 어느 것도 버릴 것이 없다는 것을 선교지에서의 삶과 사역을 통해 다시 한 번 깨달았다. 어릴 때 실컷 놀았던 경험과 익혀 놓았던 여러 재주들, 그리고 열심히 공부하며 준비했던 모든 것이 선교지에서 그야말로 큰 자산이 되었던 것이다.

선교 10년이면 이제 갓 초보 딱지를 벗은 애송이 선교사에 불과하다. 또한 선교 사역의 성취도 그리 보잘것없다. 그러니 20년, 30년이 넘은 선배 선교사님과 연세가 지긋하신 시니어 선교사님들의 경험과 그들이 이룩한 엄청난 선교의 업적과 감히 견줄 수가 있으랴! 업적은 물론이고 열정마저도 그분들과 비교할 수가 없다. 그럼에도 불구하고 나는 조국 교회의 성도들과 평소에 하고 싶었던 이야기를 함께 나누고자 이 책을 쓰게 되었다.

이 책은 때로 선교 현장에서 경험한 하나님의 놀라운 은혜와 역사에 대한 간증도 있지만 주로 그리스도인이 하나님께 받은 각자의 부르심과 소명, 선교사의 자질과 바른 선교 정책, 인종적 편견과 차별 의식에 대한 고발, 낮은 곳을 향해 가는 그리스도인과 교회의 사명에 대한 내 생각들이 담겨 있다.

이 책을 지난 선교의 여정 동안 물질과 기도의 지원으로 함께해 주신 모든 후원자님들께 바친다.

김경열

차례

추천사 4
Prologue_하나님께는 낭비된 인생이란 없다 8

part 1 _ 땅끝에서 부르다

어릴 때 나는 술집 아이였다 17
독종 예수쟁이로 살아남기 25
세상을 바꾸려면 싸워라_쎅쎅이를 추방하다 31
평생 공부하는 목사가 되기 위해 35
사약 사발을 내미신 성령님 40
그가 참 선지자든 거짓 선지자든 46
사랑하는 아들아, 너는 떠나라 51

part 2 _ 희망봉의 땅에서

남아공으로 떠나다 69
무지개의 나라 남아공 74
빈민촌 목회를 시작하다 81
에이즈 환자에게 올려진 '좋은 손' 86
냄새나는 예수 93
ABBA 공동 사역 97
공동 사역의 비결 102
봉숭아 성경 학당? 113
난 위험한 목사 120
파라냐예, '행복하여라, 그분과 함께' 123
그 친구 제임스 128
선영아 사랑해 131

part 3 _ 우분투의 땅 아프리카

어느 아프리카 선교사의 가짜와의 전쟁 139
고아원에 냉장고가 없는 이유 150
"야, 임마"라는 말을 듣는 아프리카 155
흑인의 인종적 열등론 161
흑인 저주론, 흑인의 팔자다? 172
검은색은 사악한가? 182
우분투란 무엇인가? 187
우분투의 현장을 보고 흘린 눈물 195

part 4 _ 진짜 선교, 가짜 선교

네 가지 유형의 선교사 201
어떤 사이비 선교사 208
퍼주기 선교와 과시적 선교 216
선교는 사람 건축 224
마음을 울컥하게 한 짧은 편지 234
아프리카 복음화는 누가 해야 하나 244

part 5 _ 복음은 변방의 역사다

나의 파송 교회 이야기 255
미래를 책임질 선교사 자녀들 259
작은 교회 큰 목회 263
그리운 선배들의 바닥정신 267
담임목사 청빙_○○목회를 잘할 수 있는 분 273
학자의 길로 부르신 하나님 276
헤어짐과 새로운 사명 282
내 이름은 아펠레스 286

Epilogue_나보다 앞서 가시는 아버지 292

Part 1
땅끝에서 부르다

"내 아들 하느님의 길 가는데,
내가 방해하면 되겄냐.
천벌을 받을 짓이제…."

어릴 때 나는 술집 아이였다

어린 시절 나는 평범한 아이였다. 전라남도 나주에서 자란 나는 초등학교 시절부터 수줍음이 많고 공부를 잘하는 편이 아니었으며, 키도 작은 데다 운동을 잘하는 것도 아니었다. 학창 시절 생활기록부에는 대체로 요약하면 "침착하고 온순함"이라 적혀 있었다. 한마디로 평범하고 말이 별로 없는 내성적 아이, 존재감이 없던 아이였던 것이다. 나중에 내가 갖추게 된 썩 괜찮은 능력들은 후천적 노력의 결과라 할 수 있다.

나는 대학 시절에 비로소 외향적이고 적극적인 성격으로 바뀌었으며, 여러 가지 잠재된 끼가 만개하기 시작했다. 초중고 시절, 내가 대체로 내성적이고 스스로 자신감이 결여되었던 이유는 원래 성격도 그랬지만, 가정환경 영향이 컸다는 생각이 든다.

나는 술집 아이였다. 그래서 어릴 때부터 세상에 대해 많은 것을 보았다. 이 간증은 조심스럽다. 부모님 특히 나의 사랑하는 어머님께 큰 무례를 끼치는 일이 될까 봐서다. 어릴 때 우리 부모님이 경영하신 술집은 아가씨들을 여럿 데리고 있는 일종의 룸살롱이었다. 당시 어머니는 선택의 여지가 없으셨다. 비슷한 연령대의 많은 분들과 마찬가지로 부모님 모두 국졸 학력뿐이었던 데다, 아버지는 내가 다섯 살 즈음에 중증의 폐결핵으로 폐 한쪽을 통째 잘라 내는 대수술을 하신 뒤라 경제 활동이 어려우셨다. 그런 가운데 우리는 다섯 남매였다. 내 위로 형과 누나가 있고, 아래로 남동생과 늦둥이 여동생이 있었다.

아버지께서 실수로 가산을 탕진하고 설상가상 병으로 몸도 가누지 못하시게 되자 가족의 삶은 무척 힘들어졌다. 일곱 명의 식구는 나주 변두리의 자그마한 단칸방을 얻어 살아야 했고, 어머니는 집 앞에서 풀빵을 구워 파시며 홀로 가족의 생계를 책임지셨다. 결국 어머니께서 오 남매를 홀로 대학까지 뒷바라지하기 위해 선택하실 수밖에 없었던 일은 사람들의 손가락질을 감수해야만 하는 '술장사'였던 것이다. 물론 나는 어릴 때부터 어머니의 술 가게를 너무 싫어했고, 나의 열등감은 이루 말할 수가 없었다. 초등학교와 중학교를 함께 다닌 고향 친구들은 어릴 때부터 알고 지내던 친구들이니 별 문제가 없이 우리 집에도 놀러 오고 정답게 지냈지만, 광주로 고등학교를 다닐 때에는 단 한 번도 친구들을 우리 집에 데려온 적이 없었다. 내겐 지금도 고등학교 친구가 없다. 그런 열등감에 사로잡힌 고등학교 시절, 딱 한 번 어머니께 이렇게 항의한 적이 있었다.

"엄마, 다른 엄마들은 시장에서 야채라도 팔아서 자녀들을 잘도 가르치시던데, 왜 엄마는 이 일을 꼭 하셔야 해요?"

사실은 오 남매와 병든 아버지를 위해 단칸방 앞에 조그만 풀빵 기계를 하나 놓고 쭈그려 앉아 하루 종일 풀빵을 구워 파셨던 어머니…. 엄마는 대답이 없으셨다.(가슴에 큰 못이 박혔으리라.)

대신 어릴 때부터 어머니가 우리에게 신신당부하신 말씀이 있었다.

"너희들은 밖에 나가서 절대로 이런 말을 듣지 않도록 하거라. '저 술집 녀석들 하는 짓 좀 봐라' 이런 말…. 내가 비록 이런 일을 하지만, 너희까지 그런 말을 듣는 것은 견디기 힘들다."

어머니는 그 직종에 종사하셨어도 인생 막장으로 그 세계에 들어온 아가씨들을 결코 함부로 대하지 않으셨다. 일단 어떤 아가씨가 그 세계에 들어오면 거의 빠져나갈 수단이 없다. 당장에 그 아가씨는 빚더미에 눌러앉는다. 주인이 비즈니스를 위해 필수적이라면서 고급 화장품과 비싼 옷들을 마구 사서 입힌 뒤, 장부에 수백만 원의 빚으로 달아 놓는 것이다. 이로 인해 그녀는 사실상 노예로 전락한다. 다른 업소로 되팔 때는 그 빚을 다 받아 낸다. 새로운 업소에서 그 아가씨의 빚은 더욱 불어나게 되고, 결국 빚이 족쇄가 되어 그 바닥에서 빠져나올 수가 없게 되는 것이다.

그러나 어머니는 새로 아가씨를 데려오면, 오히려 빚을 청산할 수 있도록 통장을 만들어 준 뒤 직접 관리하셨다. 월급과 손님들의 팁으로 통장에 돈이 쌓이면서 아가씨들은 불어난 빚을 갚았다. 그리고 여러 아가씨가 어머니의 배려로 단골손님들과 눈이 맞아 시집을 갔다. 지금도 그 당시 시집간 분들이 자주 어머니에게 인사하러 온 기억이 생생하다.

나는 물론 여전히 그 직업을 찬성하지 않고, 또한 옳다고 보지 않는다. 어떤 사람은 남자의 욕구를 그렇게 풀어 주지 않으면 사회에 범죄가 늘어나니 그건 필요악이라 하지만, 성경의 가르침과 인간의 바른 삶이 무엇인지를 아는 지금, 나는 그건 무슨 일이 있어도 용납되어선 안 되는 일이라 단정한다. 그러나 난 당시 그런 일을 선택하실 수밖에 없었던 어머니의 결단 자체는 뭐라 할 수가 없다. 그 직업은 잘못되었지만, 그 결단은 여전히 숭고한 이 땅의 어머니다운 행위였기 때문이다.

술집을 경영함으로 인한 주변 사람들의 조롱과 비웃음이 얼마나 수치스러우셨을까? 내가 철든 뒤 생각해 보니 온갖 손가락질과 부끄러움을 감수하고 우리를 위해 홀로 눈물 흘리며 그 일을 해야만 하셨던 어머니가 이해되어 너무 죄송스러웠다.

나중에 어머니는 아버지와 함께 우리가 더 이상 부끄러워하지 않도록 직업을 바꿔 보려고 갖은 애를 쓰셨다. 그러나 그 어떤 일도 쉽지 않았고, 결국 거듭 실패하셨다. 나는 사람이 한번 자리

잡은 직업이나 업종을 바꾸는 것은 정말 쉽지 않다는 것을 알게 되었다. 사람이 10년, 20년 한 가지 일을 하다가 다른 일로 바꾸려 하면, 노하우도 인맥도 배경도 없이 바닥에서 시작해야 하기에 정말 위험 부담도 크고 막막할 뿐인 것이다.

또한 술장사는 날로 먹는 장사도 아니었다. 객기를 부리는 손님들에게 두들겨 맞기도 하고 심지어 칼부림을 당하기도 하는 가운데, 정말 별의별 사람들을 상대해야 하기에 그 마음고생은 이루 말할 수가 없었다. 당시 너무 많은 고생을 하신 바람에 지금도 어머니께서는 큰 후유증을 앓고 계신다. 고향에 가서 깊은 골병이 든 연로하신 어머니를 뵐 때마다 내 가슴은 미어지곤 한다. 병든 몸으로 고생하시는 사랑하는 어머니의 수발을 들며 함께 있고 싶지만 여건이 안 되니 마음만 그럴 뿐이다.

나의 어린 시절 열등감은 대학 시절 완전히 사라졌다. 중학교 시절부터 교회를 다녔지만, 예수님이 누군지 모르고 재미로 다닌 것이었고, 대학 때 CCC에 가입해서 성경을 읽고 공부하며 비로소 예수 그리스도를 나의 삶의 주님으로 초청했다. 나는 내가 죄인이며, 연약하고 무능한 존재라는 사실을 인정해야 했다.

그 뒤 나의 삶이 변했다. 표정도 변했고, 생각도 사상도 변했다. 우주와 자연을 보는 눈도 달라졌고, 인간과 사회를 보는 시각도 달라졌다. 예전의 내가 아니었다. 특히 오래도록 감추어진 부모님과 가정에 대한 열등감이 눈 녹듯이 사라져 버렸다. 드디어 대학 친구들을 나주 시골집에 데려가 함께 놀았고, 우리 가정을 위해 기도해 달라고 부탁했다. 그 후 오래도록 나는 부모님을 위해, 또한 가족들의 복음화를 위해 기도하기 시작했다. 어머니 아버지께 교회 나가시라는 말을 한 번도 제대로 해보지 못했으나 기도를 중단하지 않았다. 부모님은 그 오랜 직업을 내가 목사가 되고자 입학했던 신대원 시절에 드디어 그만두셨다. 그리고 교회를 나오기 시작하셨다. 기도가 응답된 것이다. 이유는 단 한 가지였다.

"내 아들 하느님의 길 가는데, 내가 방해하면 되겠냐. 천벌을 받을 짓이제…."

부모 마음은 다 똑같은 거다. 자식 앞길을 위해선 뭘 못하시겠는가? 지금은 부모님이 교회밖에 모른다. 교회가 유일한 낙이시다. 이제 하느님이 아니고 하나님이라고 하신다. 뭐라 부르시든 상관없지만.

내가 초등학교 2학년일 때부터 부모님이 그 일을 하셨기 때문에, 나는 그 바닥을 그 누구보다도 잘 안다. 내가 룸살롱을 단 한 번도 안 가보았어도 나이트클럽에 들어가 본 적이 없어도 그 세상이 어떤 곳인지 빠삭하게 잘 안다. 그리고 거기에 종사하는 여자 종업원, 접대부들의 삶도 너무나 잘 안다. 많은 이야기를 할 수 있지만, 내가 말할 수 있는 분명한 사실 하나는 이거다.

"모든 인간은 죄인이다"라는 것….

그야말로 부모님의 술 가게에 별의별 사람들이 다 왔다. 그들은 하룻밤 질펀하게 놀며 개가 되고 돼지가 된다. 그 순간만큼은 사람이 아니었다. 그러던 그들이 평상시에는 지체 높으신 분이며, 깔끔한 옷차림에 매너 좋고 마음씨 좋은 신사다. 사업하시는 분도, 군인도 있었으며, 회사 사장님도, 평범한 동네 아저씨도 있었고, 심지어 단골로 찾아오는 스님도 몇 있었다.

때로는 내가 다니던 중학교 선생님들도 가끔 왔다. 거기엔 도덕 선생님도 있었다. 제자인 내가 뻔히 다 알게 되리란 것을 알기에 우리 집엔 잘 안 오지만, 가끔 체면 불고하고 우리 집에 와서 술 마시고 계집질을 하며 놀았다. 그 이유는 어머니가 학교 선생님들이라고 고마운 마음으로 반값에 후려쳐서 술을 내놓았기 때문이다.

모두 다 죄인이었다. 지체 높은 분도 막노동자도, 성인군자도 도덕 선생도…. 나는 이로 인해 훗날 성경을 읽는 중 "모든 사람이 죄를 범하였으매 하나님의 영광에 이르지 못하더니"(롬 3:23)라는 성경의 선언이 진리라는 것을 자동적으로 깨닫게 되었다. 그냥 인간은 당연히 죄인인 거다.

물론 인간은 두 가지 면을 모두 가지고 있다. 사람은 꽃보다 아름답고 귀한 존재다. 그래서 난 사람이 좋다. 그러나 그 인간이란 존재가 동시에 내면에 히틀러와 같은 악마가 도사리고 있다는 것 또한 사실이다. 그리고 무한히 연약한 존재일 뿐이다. 그러니 우리는 하나님이 필요하고, 이토록 죄인인 나를 구원해 줄 그분이 필요한 것이다. 우리는 자신을 귀한 존재로 생각하지만, 동시에 자신의 내면에 죄성이 뿌리 깊게 내려져 있음을 분명하게 알고 있을 것이다. 우리 모두는 마찬가지로 죄인인 것이다.

내가 인생에서 받은 가장 큰 복은 나의 구원자이신 예수님을 만난 것이고, 가장 감사한 일은 목사요 선교사로 그 예수님을 알리고 있는 것이다.

독종 예수쟁이로 살아남기

1986년도에 대학을 졸업하고 총신대학교 신학대학원에 입학한 뒤 곧장 휴학하고 군대에 갔다. 늦게 군대를 간 이유도 사실은 겁이 많아서였다. 성격상으로도 너무 군대가 싫었다. 또한 나는 체력 문제로 군 생활이 자신 없기도 했다. 지구력이 매우 약해 오래달리기를 하면 늘 거의 꼴찌로 들어오곤 했던 것이다. 운동은 무척 좋아하고 나름 하는 편인데, 약한 지구력 때문에 특출나게 하지는 못한다. 그 대신 나만의 주특기를 특화시켜 지금까지 잘 생존해 왔다. 예컨대 축구에서 나는 윙 포지션을 주로 보는데, 지구력이 약하니 공을 오래 몰기 어려워 무조건 패스와 킥으로 생존하는 법을 익혔다. 그래서 킥과 중거리 슈팅은 상당히 실력이 있는 편이다.

키도 작은 편인 데다 어릴 때부터 너무 약했던 나는 군대 생활에서 자칫 고문관 예수쟁이라는 말을 들을 수 있는 성향이었다. 그래서 예수밖에 모르는 교회 환자가 고문관이기까지 하다는 말을 듣지 않도록, 즉 함부로 깔보지 못하도록 내 나름대로 철저히 계산하고 준비를 했다. 나는 공병대로 배치되었는데, 중대에 들어와 신병이 건방지게 하늘 같은 고참의 술을 거부하고 교회에 보내 달란다는 이유로 심한 구타를 당한 뒤 잠시 정신을 잃어버렸다. 자대에 온 지 3주 만의 일이었는데, 그 당시 중대에서 교회에 예배드리러 가는 사람은 단 한 명도 없었기에 신병이 감히 교회에 가게 해달라고 부탁한 것은 고참 입장에서 기막힐 일이었다. 그러나 그 사건 이후 주일에 교회에 가는 나를 막는 사람은 더 이상 없었다. 공인된 교회 환자, 예수쟁이가 된 것이다.

생전 해보지 않았던 노가다가 주 임무였던 공병 중대에서 나는 생존을 위해 독한 마음을 품었다. 군대 오기 전에 익힌 축구 방식은 잘 먹혀 인정받았다. 고참들이 나의 킥과 패스가 정확해 무척 좋아했다. 그러나 대대 대표 선수 선발에서는 탈락하고 말았다. 왜냐하면, 여단 대회에서는 축구가 전쟁과 다름없어 엄청난 체력과 몸싸움을 요구했기 때문이다. 거기까지가 나의 한계였으나 그래도 목적대로 무시는 당하지 않았다.

또한 군대 가기 전부터 팔굽혀펴기 연습을 틈틈이 많이 하고, 기구를 들어 가며 상체와 팔의 근력을 키웠다. 그런데 내무반에서 중대원들을 그렇게도 갈구던 고참 하나가 늘 팔씨름을 자랑하며 나를 고문관 취급하곤 했다. 그 고참이 대대에서 팔씨름으로는 2등이었는데, 나는 날을 잡아서 그를 제압해 보려고 몰래 열심히 연습했다. 원래 지구력은 약했지만, 이상하게 멀리 던지기는 고등학교 시절 학년에서 거의 1, 2등을 다툴 만큼 팔 힘은 센 편이어서 연습하면 이길 자신이 있었다.

팔뚝이 굵어지며 힘이 붙었다. 내가 부대원들을 한 명씩 제압하니, 어느 날 드디어 그 고참이 자기랑 한판 하자고 했다. 중대 부대원 모두가 보는 앞에서 그를 보기 좋게 넘겨 버렸다. 그다음부터 그는 내게 함부로 하지 못했다. 다만 대대 팔씨름 챔피언 고참이 한 명 있었는데, 그 사람은 내가 이길 수 없는 엄청난 장사급이었다. 그러나 그걸로 나는 만족했다. 예수쟁이라고 함부로 깔보지 못하게 하려고 한 것이니까.

한번은 중대원 50여 명이 모두 모인 가운데 중대장이 '집단 닭싸움'을 시켰다. 최후의 1인이 살아남을 때까지 서로 넘어뜨리는 방식이었다. 지구력이 약했던 나는 철저히 전략을 짜고 체력을 안배해 가며 독종처럼 끝까지 살아남았다. 최후의 2인까지 생존한 것이다. 그러나 거기까지였다. 마지막 일대일로 싸우는데, 상대는 고참으로서 말 그대로 싸움닭이었다. 지독하게 버텨 봤지만, 체력이 달려 무너졌다.

하지만 사람들은 더 이상 나를 깔보지 못했다. 어느 날부터 중대원들이 하나둘씩 나를 따라 교회를 나오기 시작했다. 그리고 중고참들이 자주 내게 찾아와 이야기를 나누고 싶어 했다. 어떤 사람은 어느 날 자신의 삶의 적나라한 이야기, 어둡고 추한 과거사를 다 털어놓으며 기도를 부탁하기도 했다. 자살을 하려 한 고참이 찾아와 여자 문제와 집안 문제를 상담하기도 했다. 결국 아쉽게도 얼마 후 그는 자살을 택하고 말았지만.

회식 자리에서 술은 끝까지 먹지 않았으나, 노래에서는 빠지지 않았다. 글씨를 꽤 잘 써서 고참들이 제대를 앞두고는 모두 나에게 '추억록' 편집을 부탁했고, 나는 최선을 다해 만들어 드렸다. 그래서인지 나에게 고참들이 잘해 주었다. 그런데 나는 그 무엇보다 고참들을 진심으로 사랑하고 최선을 다해 모셨다. 나를 기절시킨 고참을 포함하여, 아무리 악랄한 분이라도 나는 한 번도 사석에서도 욕을 해본 적이 없었다. 사실 졸병들에게도 욕은 한 번도 안 했다. 그냥 열심히 사랑하고 섬기려 애썼다.

생일도 잘 기록해 두어 선물과 카드를 늘 챙겨 주고(나중에 중대 문화가 되었다), 밖에 나갔다 오면 전우들을 위해 한 번도 빠뜨리지 않고 선물을 사왔다. 내 나름대로 예수님의 가르침을 실천한 것이다. 그래서인지 나중에는 막사 뒷산에 중대 전체를 데려가서 집단 구타할 때도, 곡괭이 자루로 피 터지게 두들겨 패다 내 차례가 되면 그냥 넘어가곤 했다. 고참들이 나를 어려워하며 함부로 하지 못하는 것을 느꼈다.

그토록 악랄했던 고참들도 사실은 연약한 영혼일 뿐이었다.

어느 주일에는 가장 무서웠던 고참 하나가 불쑥 예배 시간에 영내의 교회로 들어왔다. 그의 얼굴에서는 늘 무시무시한 기운이 느껴지곤 했던 말년 병장이었다. 지나가는 길에 우리가 모여 있기에 궁금해서 잠시 들어왔다고 말했는데, 멋쩍어서 둘러대는 것처럼 느껴졌다. 그리고 자신도 찬송을 하나 부를 줄 안다면서, 찬송가를 집어 들더니 한번 불러 봐도 되냐고 했다. 우리 신우들은 모두 박수로 화답했다.

그는 찬송가 '나의 갈길 다 가도록 예수 인도 하시니'를 불렀다. 마지막 4절까지 다 불렀다. 숙연한 애절함이 느껴졌다. 나는 그의 가련한 영혼의 눈을 쳐다보았다. 그는 한때 자신이 믿었던 예수님이 그리웠던 거다. 삭막한 군대생활 속에서, 그리고 앞으로의 삶 속에서 자신을 인도해 주실 그분의 품에 잠시만이라도 안기고 싶었던 것이다. 그 후 그는 더 이상 교회를 오진 않았다. 하지만 그의 삶 가운데도 예수님은 필요했다. 지금 그가 어디에 사는지 모르나, 예수님의 인도함을 받는 삶을 살고 있으면 좋겠다.

상병 1호봉 때 나는 대대 군종이 되어 중대 본부로 옮겼다. 전우들을 위해 기도해 주며 열심히 교회와 부대를 섬겼다. 제대할 때, 인사계님은 나에게 자신이 군 생활 40년 동안 만난 최고의 군종이었다고 칭찬해 주셨다. 사실은 잔소리하며 일을 많이 시켜서 동료들이 싫어하던 분이지만, 궂은일을 도맡아 하시는 그분을 내가 무척 좋아하고 따랐기 때문이었다. 제대하고 나서도 한 번 찾아뢰었는데, 정말 너무나 기뻐하시던 모습이 눈에 선하다.

내가 이런 개인적 경험을 말하는 이유는 세상 속에서 우리 예수 믿는 사람들이 어떻게 인정받을 수 있는지를 생각해 보고 싶어서다. 예수 믿는 사람들도 사회생활 속에서 이와 비슷한 상황들을 겪으리라 본다. 술자리를 가야 하고 룸살롱도 따라가야 하고 부당한 일을 겪고 불의한 일을 요구받기도 한다. 이런 상황에서 자칫 우리는 신앙을 잃어버릴 수 있다. 너무나 힘든 세상이다. 그러면 우리는 어떻게 해야 할까.

신앙을 지키기 위해 우리는 독종이 될 필요가 있다고 본다. 직장이라는 조직 문화와 술자리가 기본인 비즈니스 세계에서 그리스도인이 무시당하지 않고, 나아가 인정받기 위해서는 탁월한 실력을 키워야 하고, 지혜가 필요하고, 생존 전략을 짜야 한다. 또한 무엇보다도 진심으로 사람들을 사랑해야 한다. 사랑하면 이긴다. 하나님이 함께하시니 세상을 이기는 힘이 우리에게 있다. 예수님이 말씀하시지 않으셨는가!

"세상에서는 너희가 환난을 당하나, 담대하라! 내가 세상을 이기었노라"(요 16:33).

세상을 바꾸려면 싸워라
_ 쌕쌕이를 추방하다

군대 이야기가 뻔하고 지겹다지만, 한 가지 에피소드만 더 보태고 싶다. 군대에 가니 내무반 고참들이 틈만 나면 정기적으로, 어떤 때는 일주일에 두세 번 꼴로 밤새 눈이 벌겋게 되도록 빨간 음란 비디오를 보았다. 졸병들도 뒤쪽에서 그걸 보느라 정신없었다. 난 단 한 번도 안 봤다. 술 거부해서 기절하도록 두들겨 맞는 등, 이미 뼛속까지 예수쟁이인 걸 이미 보여 준 터였다. 그러다 앞서 말한 대로 나는 상병 1호봉 때 대대 군종이 되어 본부 중대로 올라왔다.

본부에서도 상황은 똑같았다. 일주일에 두세 번은 어디선가 그걸 빌려 와서 중대원들이 잠을 안 자고 보는 것이다. 그러다 눈이 벌게진 채 보초 서러 나가고 결국 잠이 부족하여 다음 날 다들 몸을 제대로 못 가누고…. 그런데 아직 제대를 하지 않은 나의 선임 대대 군종병도 거기에 동참해서 정신을 놓고 같이 보셨다. 나는 마음에 결심을 했다. 저분 제대하면, 내가 맞아 죽는 한이 있더라도 쎅쎅이(음란 비디오 속칭)를 추방시키리라. 그날이 왔다. 또다시 잠을 안 자며 거의 전 중대원이 아마 두세 편의 쎅쎅이를 본 것 같았다. 다음 날 아침, 나는 쎅쎅이 관람을 주동하는 하늘 같은 말년 병장 고참에게 찾아갔다. 그리고 군홧발이 가슴팍에 날아올 걸 각오하고 가슴에 크게 힘을 주며 말했다.

"○○○ 병장님. 죄송하지만, 더 이상 쎅쎅이를 안 보면 좋겠습니다."

병장이 나를 물끄러미 쳐다보며 대꾸했다.

"왜? 그게 뭐가 문젠데?"

"다 아시면서 왜 그러십니까. 그리고 그것 때문에 보초 교대로 밤 근무까지 하는 모든 중대원들이 크게 힘들어합니다. 전 건강한 문화가 아니라고 생각합니다. 시정해 주십시오!"

병장은 이미 도덕적 양심이 찔렸기 때문인지 나를 정면으로 쳐다보지도 못했고 눈빛은 힘을 잃은 상태였다. 그는 조금 더 나에게 따졌지만, 나는 요지부동이었다.

"뭐 그게 그렇게 문제라면, 네 말대로 하자…."

그 뒤로 쎅쎅이는 우리 내무반에서 완전히 사라졌다. 적어도 내가 제대할 때까지는 (혹 몇 번 나 몰래 본 적이 있는지 모르나) 다시는 그게 들어오지 못한 걸로 기억한다. 나는 개인 돈을 들여 신앙 서적을 비롯한 양서와 정서적으로 도움이 되는 좋은 가요와 음악이 담긴 음반을 열심히 구하여 내무반에 비치했다. 부대원 중에는 내가 사온 《새벽을 깨우리로다》(김진홍)를 읽고 예수를 믿게 된 사람도 있었다.

　본부 중대에 오기 전 전투 중대에서 했던 대로 중대원들의 생일을 챙겨 주고, 제대하는 병장들의 추억록도 열심히 만들어 줬다. 자연스레 구타가 점점 없어졌다. 도둑질이 빈번히 있었는데, 이것도 바로잡았다. 점호를 마치면, 매일 군종인 내가 기도를 해야 잠을 잤다. 문화가 확 바뀐 것이다. 여전히 모두들 과음하고 휴가 가서 여자 건든 이야기를 제일 좋아하는 등 세속의 습관들을 벗어나지 못했지만, 분위기가 달라졌다.

　나의 선임 대대 군종은 매우 신실하고 설교도 출중하고, 굉장히 열심히 일한 모범적 군종이었지만 안타깝게도 썩썩이를 몰아내지 못하고 오히려 그 자리에 동참하던 형편이었다. 그러나 나는 싸웠다. 거룩한 오기가 생겼다. 곡괭이 자루로 엉덩이를 패대기질 당하고 군홧발로 내 가슴팍이 찍힐 것을 각오했다. 그리고 내가 할 수 있는 범위 내에서 바꿀 수 있는 것은 바꿨다. 마침내 동료들이 나의 뜻에 따라 주었다. 내가 제대한 이후는 잘 모른다. 사실 내 후임 군종은 더 훌륭했기에 당분간은 잘 유지되었을 것이다.

　그리스도인은 자신이 현재 있는 곳과 자신의 시대는 자신이 책임지며 살아야 한다고 나는 생각한다. 후세대까지 염려하고 생각하는 것도 필요하지만 그건 후세대에게 맡기고, 현재 자신이 있는 자리에서 거짓과 세속과 불의와 부도덕과 비기독교적 문화에 맞서 싸워야 한다. 다른 사람이 싸워 주길 기대하며 그에 편승해서 가겠다는 생각을 하면, 나의 주변과 세상은 절대로 달라지지 않는다. 세상이 변하지 않는 이유는 우리가 용기가 없어 맞서 싸우지 않기 때문이다. 아니 오히려 옳지 않은 줄 알면서도 그에 타협하여 편승하며 살아가고 있기 때문이다. 세상을 바꾸려면 싸워야 한다.

평생 공부하는 목사가 되기 위해

o

나는 중학생 시절 슈바이처와 같은 의료 선교사가 되고 싶었다. 그러나 한때의 낭만적 꿈이었을 뿐, 고등학교 때 친구들과 노는 걸 더 좋아해 원하던 의과대학에 못 가고 차선책으로 생물학을 공부했다. 대학 시절 CCC 활동을 나름 열심히 했다. 이때 예수님을 인격적으로 만나게 되었고, 대학 3학년 무렵, 육신의 질병을 고치는 의사 대신 영혼을 치료하는 목사가 되기로 결심했다. 그 뒤 총신대학교 신학대학원에 입학했다.

이때 나는 평생 공부하며 목회하는 목사가 될 것을 다짐했다. 죽을 때까지 성경을 깊이 연구하는 말씀의 전문가가 되고, 다양한 독서를 통해 인간과 세계와 하나님을 알아 가겠다는 결심이었다. 평생 말씀의 전문가가 되기 위한 준비로 성서 언어인 히브리어와 헬라어에 죽도록 매달렸다. 두껍고 어려운 성경 신학 서적들을 밤새 원서로 탐독하며 〈에클레시아〉라는 학술 동아리 원우들과 피 터지는 토론으로 시간 가는 줄 모르곤 했다. 더불어 동아리 동료들과 함께 매일 새벽마다 성경말씀 묵상과 더불어 뜨거운 기도의 시간을 가졌다. 균형 잡힌 성경적 세계관을 갖추게 한 박철수 목사님(당시 분당두레교회 담임)은 독서의 중요성을 깨우쳐 주셨고, 신학대학원의 스승님들은 성경을 보는 나의 안목을 깊게 만들어 주셨다.

그 결과 지금은 부족하나마 원전으로 성경을 읽으며 연구하고 다양한 철학과 사상들을 이해할 수 있는 기본적 소양을 갖추었으며 역사와 사회 현실에 대한 성경적 판단력이 생겼을 뿐 아니라, 복음인 것처럼 포장된 교묘한 사이비와 가짜를 파악해 내는 능력이 어느 정도 생긴 것 같다.

그런데 그렇게 공부해서 넌 뭐하고 있냐? 혹 이렇게 질문하는 분이 있을지 모르겠다. 그렇다. 나는 남들이 별로 알아주지 않는 보잘것없는 사역을 하고 있다. 아프리카 남아공 땅에서 일하는 선교사, 사람들이 잘 모르는 평범한 목사에 불과하다.

하지만 내가 생각하는 목회자는 대형 교회 사역을 하든 개척 교회를 하든, 아니면 시골 교회나 미자립 교회, 혹 선교사 사역을 하든, 기도에 소홀하지 않는 가운데 성경을 평생 연구하고 끊임없이 공부하는 사람이어야 한다는 것이다. 이것이 목사의 사명이란 게 나의 지론이다. 내가 이런 말을 하는 이유는 작금의 한국 교회 문제는 바로 사역자가 신학교 시절에 성경과 신학을 제대로 공부하지 않아 발생된 측면도 크다는 생각 때문이다. 그렇다고 신학 만능주의를 말하는 것은 결코 아니다. 적어도 신학교에서 자신의 신학적 체계, 목회관과 교회관 등은 정립해야 한다는 이야기다.

예컨대 헤르만 리델보스의 대작 《하나님 나라》만 두어 번 정독하고 제대로 이해해도 장사꾼 같은 목회는 상상도 못할 것이다. 17~18세기의 경건주의 신학만 제대로 배웠어도 균형을 잃은 '번영신학'은 쳐다보지도 않았을 것이다. 언약신학만 꿰뚫어도 어이없는 사이비 운동들에 현혹되지 않을 것이다. 사실 성경 백 독, 천 독을 해도 체계적으로 성경을 이해하지 않으면, 이단, 삼단, 백단이 출현한다. 들리는 말로는 이단 교주들 성경 수백 독은 기본이라 한다. 그러나 아무리 성경을 많이 읽어도 성경을 오해할 수 있다. 그러니 신학생들이 매일 성경을 읽되 성경 신학의 정확한 체계를 확립하고, 최종적으로 교리 체계를 스스로 이해할 수 있어야 한다.

흔히 신학 무용론, 도그마화된 신학에 갇힐 위험에 대해 말하는데, 성령 운동 한다는 분들이 특히 그러하다. 신학을 하면 목회 안 되고 은혜 떨어진다는 말이 무슨 진리요 정설인 것처럼 말하는 이들이 있다. 그런데 정말 답답하게도 그 신학이 단순히 성경구절 여기저기 따와서 짜깁기한 수준이 아니라, 2천 년이 넘도록 누적된 엄청난 성경 연구의 결과물이라는 사실을 간과한다. 히브리어와 헬라어 성경 원전에 근거해서 오래도록 철저히 연구된 결과물을 우리가 현재 이용하는 것이다.

예컨대 위에 언급한 헤르만 리델보스의 《하나님 나라》는 역사적인 명저다. 그 외 수많은 역사적 대작들의 공통점은, 너무나 방대하고 깊어서 제대로 이해하려면 성경을 읽어 가며 치열하게 연구하고 공부해야 한다는 점이다. 놀라운 통찰력을 지닌 책들을 읽어야 하나님의 압도적인 구원의 계획이 눈에 그려지고, 그 순간 저절로 무릎이 꿇어지고 기도할 수밖에 없는 것이다. 내가 신학대학원에서 공부하면서 알게 된 하나님은 대학 시절 큐티 하면서 만난 그런 좁은 울타리 안의 하나님이 아니었다. 신학을 통해 만난 그분은 내가 어떻게 표현할 수가 없었다. 그분은 진실로 놀라운 하나님이셨다.

그리고 나는 신학 서적들 외에도 다양한 책들, 특히 사상서와 역사책들을 틈나는 대로 읽었다. 그런데 아쉽게도 많이들 이런 깊은 생각을 요구하는 책들은 외면한다. 그 대신 신학교 시절부터 스펙 쌓고 스킬 배우는 데 올인하려 한다. 그러니 정말 수준이 너무나 천박해지고, 역사의식이 결여되어 사회 정의가 뭔지도 모르고, 좌우를 분간 못하고 좌빨 종북 혹은 보수 꼴통 타령만 하면서 옳고 그름을 정확히 알지 못하는 가슴 답답한 일이 벌어지는 것이다.

신학교 시절에 그런 어렵고 두꺼운 책들은 아예 쳐다보지도 않고, 거의 부흥 방법론과 프로그램, 목회 성공담, 무용담 수준의 간증 등 홍콩 무술영화나 무협지 수준의 책들을 섭렵한다. 그리고 만날 "누군 이렇고 누군 저렇고"라는 말만 한다. 결국 자기 이야기가 없고, 자기 신학과 신념, 목회 철학이 없는 것이다. 그래서 흉내, 모방, 얼치기 목회관이 확립되는 것이다. 예컨대 소위 복음주의 4인방이니 5인방이니 하는 분들, 혹은 그 밖의 존경하는 목사님들이나 유명하신 여러 목사님들이 이룬 업적만 쳐다보고 흉내 내거나 방법을 배우려 한다. 그러나 이분들이 오랜 기간 쌓아올린 내공은 생각하지 않는다.

그리고 일찍부터 정치에 눈을 뜬다. 줄을 서는 것이다. 이러니 교권 정치가 이미 신학교 시절부터 시작되는 것이다. 그 결과물은 졸업 후에도 여기저기 불나방처럼 이 프로그램, 저 방법론을 찾아다니는 것으로 나타난다. 그리고 신학교에서 그런 것들을 안 가르쳐 줬다고 푸념한다. 그러나 그것은 변명이다. 이게 모두 자기 것이 없으니 하는 말들인 것이다.

나는 프로그램 무용론을 주장하는 것이 아니다. 다만, 그런 프로그램들이 자신이 스스로 확립한 확고한 철학과 신념 위에 세워지지 않으면, 아무 소용이 없다는 것이다. 비판하고자 하는 말이 아니다. 훌륭한 목회자들이 교회를 건강히 세워 나가길 간절히 기도할 뿐이다.

사약 사발을 내미신 성령님

나는 목회가 꿈이었다. 처음부터 신대원에 입학한 이유가 목양에 대한 꿈 때문이었다. 그러나 제대로 성경을 연구하는 목회자가 되고 싶었기에 열심히 공부했고, 특히 구약성경이 어려웠기에 본격적인 목양 전에 총신대학원에서 구약학으로 박사 학위까지 마치고 싶었다.

그러나 구약학 박사 학위가 생각처럼 빨리 끝나지 않았다. 할 일이 너무 많았다. 신대원을 마친 후 교수님들께 성서 언어 실력을 인정받아 〈언어연구소〉 책임 간사를 맡게 되었으며, 더불어 신대원에서 후배들을 위해 성서 언어를 가르치기 시작했다. 박사 학위를 하면서는 몇 개의 학교에 출강도 나가게 되었다. 동시에 학교 내의 총신대학교회를 수년간 섬기면서 목회를 배웠으며, 청년 사역을 좋아해서 한국누가회(CMF) 학원사역부 간사 일도 겸하였다. 이 와중에 틈나는 대로 신학 서적들을 번역해 냈다.

일이 많으니 학위를 끝낼 수가 없었다. 박사 학위 연구 분야는 레위기, 특히 레위기 16장의 속죄일과 속죄 제사의 기능에 대한 주제였다. 그러나 몇 해가 지나도 공부는 진행이 안 되니 뭔가 결단을 내려야만 했다. 그래서 하나님께 집중적으로 기도한 끝에 유학을 결심했다. 만 40세 늦은 나이에 모든 것을 정리하고 유학을 떠난다는 것은 쉽지 않은 결단이었다.

적절한 유학지를 찾아보았다. 세 가지 조건이 맞아야 했다. 첫째, 돈이 안 드는 곳. 둘째, 빨리 끝낼 수 있는 곳. 셋째, 그럼에도 국제적 수준을 인정받는 곳. 몇몇 교수님께서 남아공 대학들을 추천해 주셨는데, 스텔렌보쉬 대학과 포체스트룸 대학도 뛰어난 학교이지만, 프레토리아 대학에 좋은 구약 교수들이 있다고 두어 분이 귀띔해 주셨다. 마침 오경 분야의 유명한 교수가 거기 있었다. 나는 그 대학에서 요구하는 토플 점수와 더불어 입학 원서를 넣어 곧 입학 허가를 받았다.

유학을 떠나기 전에 며칠간 조용한 기도처에서 기도로 준비하고 싶었다. 그래서 전라남도 보성의 '복내치유센터'라는, 주로 암 환자를 대상으로 전인 치유 사역을 하는 기관에서 일주일 정도 기도하면서 암 환자들을 위해 마지막 봉사를 하려고 찾아갔다. 나의 동기이자 친구인 이박행 목사님이 원장으로 탁월한 치유 사역을 하는 곳이었다. 깊은 산속에 있어서 기도와 묵상 하기에 매우 좋은 일종의 기도원이기도 했다.

기도에 집중하고 있던 마지막 날, 그러니까 기도처에서 내려오기 전날, 점심을 먹은 후 15분 정도 낮잠을 자다가 비몽사몽간에 난생처음 신령한 체험을 하게 되었다. 지금도 그렇지만, 원래 나의 신앙은 이런 쪽과는 거리가 먼데 그날은 이상하게 불가항력적으로 그런 체험을 했다. 나의 체험은 사실 별거 아니겠지만, 이 일 이후 체험 신앙에 대해 나름대로 정립된 생각을 나누고 싶으니 이 일을 좀더 자세히 설명 드리고 싶다.

꿈속에 성령께서 나타나셨다. 어떤 존재가 왼쪽에 서 있었는데, 꿈속에서는 자동적으로 그가 누구인지를 알 수 있었다. 성령님이셨던 것이다. 꿈속에 내 앞쪽으로 평탄한 길이 쫙 펼쳐져 있었다. 나는 그 길을 힘차게 걷고 있었다. 그런데 나는 앞으로 계속 나아가려는데 성령께서 손을 내밀어 나를 막으셨다. 나는 모든 것이 응답 받은 대로 되어 가는데, 왜 막으시나 하고 이해가 안 가 성령의 막으심을 뿌리치고 전진했다. 그러나 그분은 재차 막으셨다. 나는 또 뿌리치고 나아갔고, 세 번째도 그랬다. 그런데 네 번째에 막으실 때였다. 성령님께서 내 앞에 '스윽' 하고 큰 사발 하나를 내미셨다. 역시 꿈속에선 자동으로 알 수 있었다. 그건 사약이 가득 담긴 사발이었던 것이다. 그리고 성령님은 지금도 귓전에 생생한 음성으로 내게 말씀하셨다.

"가려면 이걸 마시고 가거라…."

나는 그 사약 사발을 손에 든 채로 잠에서 깨어났다. 그리고 일어나자마자 내 곁에 앉아 성경을 읽고 있던 아내에게 꿈 이야기를 해줬다. 나와 아내의 일치된 생각은 분명 하나님께서 나의 계획을 막으신다는 것이었다.

　그러나 당시 하나님께서는 왜 나의 길을 막으셨는지, 그러면 어떤 길을 가야 하고, 무슨 일을 해야 하는지에 대해서는 말씀해 주지 않으셨다. 그 뒤 두 달이 다 되도록 기도해도 도무지 그분의 뜻을 알 수가 없었다. 그동안은 하나님의 뜻을 분별할 때, 보통 성경을 읽고 기도하면 어느 순간 마음의 확신이 들었고, 또한 공동체 형제자매들의 의견을 통해, 선배나 스승님들의 조언을 통해 어떤 방향을 정할 수가 있었다. 그런데 이번에는 정말 결코 알 수가 없었다. 누구에게 물어봐도 마찬가지이고, 아무리 기도하고 성경을 읽어도 말씀해 주시지 않았다.

　유학 비자를 받아 놨는데, 시간은 흐르고 마음은 답답하고 혼란스러웠다. 그 와중에 전라북도 어느 도시의 500~600명 정도 모인다는 교회에서 담임목사 청빙 의사가 들어왔다. 청빙 위원장이신 수석 장로님이 나를 잘 아는 전도사님의 소개로 직접 연락을 주셨다. '혹시 하나님 뜻이 바로 이건가?' 하고 서류를 넣었다. 나는 원래 유학을 마치면 목회해 보고 싶은 교회가 그 정도 규모였기에 솔직히 마음이 좀 끌렸다. 그러나 교회에서 요구하는 열 가지에 가까운 서류는 다 제외하고 달랑 이력서 한 장과 설교 동

영상 한 편만 보냈다. 하나님 뜻을 알 수가 없는 상황에서, 맘에 들면 뽑고 아니면 말라는 마음에서였다. 하지만 연락이 오지 않았다.

나중에 알고 보니 내가 백여 명에 이르는 후보들의 서류 제출이 다 마감된 뒤에 부실한 서류를 제출했는데도, 곧바로 최종 후보 두 명에 올라갔다고 한다. 두 사람을 불러 설교를 시켜 볼 계획이었는데, 당회가 양쪽으로 팽팽히 맞서 결국 나와 또 한 분 모두 탈락했다고 한다. 담당 장로님께 직접 전화를 받았고, 또한 나를 소개한 전도사님이 내게 들려준 이야기일 뿐이니 정확한 사실은 나도 모른다. 결국 그 교회는 전혀 새롭게 다시 담임목사를 찾아 모셨는데, 불과 3년 만에 세배로 성장하는 대부흥의 역사가 나타났다. 내가 갔으면 죽을 쒔을지도 모르니 정말 너무나 잘된 일이었다.

어쨌든 나는 교회에서 아무 연락이 없기에 그 뒤로 하나님 뜻을 찾아 계속 기도해 보았다. 그러나 혼란은 더 커졌다. 또 한 가지 복잡했던 문제로, 돈도 없었기에 가족을 두고 혼자 유학을 갈 것인지를 놓고 역시 기도하고 있었다. 가족과는 방학 중 가끔 귀국하여 만나고 혼자 가서 연구에 매진하면, 국내에서 절반 정도는 연구를 해놓았기에 2년이면 반드시 마칠 수 있다는 확신이 있었기 때문이다. 그러나 정말 혼자 가는 것이 하나님 뜻인지 알 수 없었다.

이 와중에 친구 이박행 목사님은 자꾸 나에게 어떤 목사님을 찾아가라 했다. 그분한테 가면 답을 얻을 수 있을 것이란 이야기였다. 소위 대언의 기도를 하시는 분인데, 그분은 절대로 믿을 만하다는 것이다. 자신도 진로가 혼란스러울 때 그분께 기도를 받았는데, 전라남도 보성군 복내면의 천봉산 산골짜기에 들어가라는 성령의 말씀을 직접 주셔서 믿고 들어왔다는 것이다. 실제로 이 목사님은 그 기도대로 순종하여 그 깊은 산골짜기에 들어갔는데, 거기서 믿기 어려운 역사가 일어나기 시작했다. 지금은 전인 치유, 특히 암과 관련된 성경적 치유 분야에서는 우리나라에서 최고의 전문가가 되어 있다.

그러나 대언 기도를 받고 예언 기도를 듣는 것, 그런 일은 사실 내 신앙 성향상 정말 싫어하는 행위였고, 따라서 그런 걸 잘 안 믿었다. 솔직히 지금도 마찬가지다. 기독교 신앙이 무슨 점쟁이집, 무당집 찾아다니는 것 같아 보이기도 해 거부감이 컸다. 실제로 그런 기도를 해준다는 목사님들 중에 많은 분들이 문제가 있으니, 그런 걸 함부로 믿지 말고 분별력을 가져야 마땅하다. 그런 이유로 이박행 목사님이 아무리 나를 설득해도 나는 요지부동이었다. 그런데 결국 나는 마음을 돌이키게 되었으며, 거기에는 그럴 만한 이유가 있었다.

그가 참 선지자든 거짓 선지자든

　　이박행 목사님은 신대원 시절 원우회장을 지냈고, 그 이전 대학 시절에는 기독학생회 회장을 맡았던 탁월한 리더십을 갖춘 사람이었다. 또한 영적 은사에 대해 신중한 판단력과 균형 감각이 있었다. 바로 그가 나에게 대언의 기도를 하신다는 그 목사님을 찾아가라는 것이었다.

　　그러나 앞서 말한 대로, 나는 그런 행위는 무슨 무당집이나 점집을 찾아가는 것 같아서 전혀 내키지 않았다. 예컨대 어디에 땅을 사야 하고, 자녀가 무슨 대학을 지원해야 하고, 장사는 무얼 해야 하고, 앞으로의 전망은 어떻다는 둥 이런 것들을 알고 싶어서 사람들은 결국 점쟁이를 찾아가지 않는가? 이 목사님이 두 번째 제안을 했을 때도 나는 꿈적도 하지 않았다. 일언지하에 거절하며, 앞으로 그 얘기를 꺼내지도 못할 만큼 확고하게 말했다.

그런데 내게 문득 이런 생각이 들었다. '만일 세 번째로 제안을 해오면, 친구 의리가 있는데 나도 차마 거절 못하겠지.' 그래서 나는 한 번 더 제안이 오면, 그땐 받아들이고 마지못해서라도 가볼 생각을 했다. 사실은 여기에는 친구 이박행 목사님에 대한 신뢰가 깔려 있었다. 아무나 함부로 소개할 사람은 아니라는 믿음이었다. 이런 생각을 하고 있는데, 아니나 다를까 이 목사님에게 다시 연락이 왔다. 결국 나는 그 목사님을 만나 뵈러 가야만 했다.

온 가족이 택시를 타고 찾아갔다. 일산 신도시 어느 변두리 동네였다. 택시에서 내려 주변을 살펴보는데, 교회 건물이 전혀 없고 상가는 이제 갓 입주하기 시작하여 인기척도 드물었다. 그런데 눈앞의 상가 건물 2층에 그 교회 간판이 보였다. 곧바로 그 교회의 분위기가 감지되었는데 아뿔싸, 첫눈에 정말 이건 아니다, 라는 느낌이 왔다. 교회 주변에 내가 가장 싫어하는 분위기가 연출되어 있었던 것이다. 건물 입구부터 촌스러운 빨그스름한 십자가 그림, 도대체 색깔의 조화가 전혀 맞지 않는 포스터와 현수막이 걸려 있었다. 게다가 거기 적힌 문구는 그게 병원인지 교회인지 도무지 알 수 없는 그런 내용들로 가득했다. 평상시에 내가 정말 싫어하는 교회나 좀 이상한 기도원의 분위기였던 것이다.

'역시나…'

나는 그대로 그 택시를 다시 타고 집으로 돌아가고 싶었다. 하지만 이대로 돌아가면 친구에 대한 예의가 아니라는 생각이 들어 무거운 발걸음을 옮겨 2층으로 걸어 올라갔다. 찬송가인지 복음성가인지 헷갈리게 하는 노랫가락이 밖으로 들려왔다. 뒷문을 열고 들어가 보았다. 평일 금요일 오후인데도 100석 정도 되는 예배당에 약 30~40명의 사람들이 예배를 드리고 있었다.

그런데 또 황당했던 것은 거기서 부르는 노래였다. 나도 찬양을 좀 하는 편이어서 어지간한 노래는 다 아는데, 정말 한 번도 못 들어 본 희한한 노래를 부르고 있었다. 뽕짝과 트로트 풍의 복음성가였다. 사실 그런 풍의 복음성가도 어지간하면 아는데, 그건 처음 들어 본 생소한 멜로디의 노래였다. 남자 분이 걸진 목소리로 찬양을 진지하게 인도하시는데, 순간 밤무대 분위기가 연상돼 웃음이 나오려는 걸 겨우 참았다. 게다가 벽에 걸린 TV 화면에서 가사를 깔아 주는데, 가사 내용도 아주 유치해 보였다. 따지고 보면 그게 다 내가 당시에 교만해서 그랬던 거다. 어쨌든 우리 부부에게 이 처음 보는 장면은 너무나 우스꽝스러웠다. 그러니 도저히 내 마음이 열리지가 않았다. 첫인상도 그렇고, 분위기도 그렇고, 이상한 트로트풍 찬송을 불러 대는 것도 마음에 걸렸다.

난 아무것도 모르고 찾아갔으나, 그 교회는 부부가 목사님이었다. 찬양을 인도하며 사회를 보신 목사님의 부인이신 목사님이 대언의 기도를 해주시는 분이었다. 지금 그 두 분이 이 글을 읽으면 불쾌하실 수도 있는데, 나는 정말 솔직하게 그 교회에 대해 처음 느낀 그대로 말씀드리는 것이다. 지금은 물론 그 교회의 그런 분위기에 대해 어느 정도 이해가 가지만 말이다.

그러다 설교 시간이 되었다. 사회를 보신 목사님께서 그날 특별히 귀한 선교사님 한 분이 오셔서 설교하신다고 소개했다. 중국에서 오신 분으로 기억되는 젊은 분이었다. 내겐 그날이 특별한 날이어서 설교에 집중했지만, 설교가 두서가 없었을 뿐만 아니라 여러 생각이 들면서 귀에 잘 들어오지 않았다. 그런데 어느 순간 딱 하나가 귀에 박혔다. 그 선교사님이 바로 대언의 기도를 해주신다는 그 여자 목사님에 대해 말씀을 하시는 것이었다.

"요즘 우리 목사님이 참 마음에 근심이 많고 안타까워하고 계시는 것이 있습니다. 왜 그러냐고 물으니 이렇게 말씀하십니다. '왜 사람들은 나를 찾아올 때 사명이 뭔지를 물으러 안 오는지 모르겠다. 다들 와서 기도해 달라는 게, 하나님의 뜻이 뭔지 가르쳐 달라는 게, 땅을 어디다 사야 하냐, 건물을 언제 매입해야 하냐, 우리 아이 대학 원서는 어디 넣어야 하냐, 무슨 장사를 해야 하냐… 이렇게 사람들이 사업과 취업, 진학, 이런 것만 물어보러 온다.' 목사님이 하신 말씀입니다. 그래서 목사님이 너무나 안타까워합니다. 자신의 사명을 알기 위해 와야 하는데 말이죠."

귀가 번쩍했다. "음… 저 목사님, 좀 믿을 만한데…?"

설교가 끝났다. 그리고 잠시 통성기도하는 시간이 되었다. 이때 나에게 희한한 일이 벌어졌다. 그냥 별생각 없이 기도하는데, 어느 순간 내 의지와 상관없이 눈물이 터지더니 귓전에 생생히 다음의 말씀이 우렁차게 울려 퍼졌다.

"내가 네게 명한 것이 아니냐 마음을 강하게 하고 담대히 하라 두려워 말며 놀라지 말라 네가 어디로 가든지 네 하나님 여호와가 너와 함께하느니라"(수 1:9, 개역한글).

나는 소리라는 것이 가슴에서도 울리는 걸 그날 처음 알았다. 이 말씀이 가슴과 귓전에 우렁차게 울리면서, 정말 나의 의지와 별개로 눈물 콧물이 다 쏟아지기 시작했다. 그리고 도대체 왜 그 말씀이 가슴에서부터 우렁차게 들리는지 그 이유를 알 수가 없었다. 그 와중에 나는 이런 결단의 기도를 하게 되었다.

"하나님, 제가 어떻게 해야 할지 모르는 상황입니다. 그러나 주님, 그냥 오늘 이분을 통해 말씀해 주십시오. 오늘 이분의 입에서 나온 말을 당신의 뜻으로 받아들이겠습니다."

그리고 계속 이어서 이렇게 기도를 드렸다.

"주님, 저는 이 목사님이 참 선지자인지 거짓 선지자인지 알 수가 없습니다. 하지만 하나님께서는 거짓 선지자인 발람 선지자를 통해서도 이스라엘을 향해 당신의 말씀과 뜻을 전해 주셨습니다. 지금 저에게 그렇게 해주십시오. 이분이 참 선지자든 거짓 선지자든 그냥 이분의 입술을 통해 오늘 저에게 알려 주십시오."

그러고선 예배가 끝났다. 예배를 마치고 목사님 부부가 나를 부르셨다. 전화로 약속하고 온 사람이 맞느냐고 묻더니, 목양실로 우리를 데리고 들어가셨다.

사랑하는 아들아, 너는 떠나라

목사님 부부는 당시 50대 중반 쯤으로 보이는 분들이었다. 나와 아내는 두 아들을 함께 데리고 들어가 앉았는데, 남편 목사님이 내게 말씀하셨다.

"목사님, 이박행 목사님한테 들으니 유학을 가야 할지 말아야 할지 고민이라면서요? 제 생각에 그만큼 공부하셨으면 이제 목회를 하셔야죠. 뭐 하러 더 공부하십니까. 목회가 시급합니다. 한 영혼이라도 예수님께 인도해야지요."

옆에 계시던 사모님이신 그 여자 목사님이 그렇게 덧붙여 말씀하셨다.

"저와 제 남편은 중학교밖에 졸업 못했어요. 그런데도 지금 하나님이 이렇게 쓰시잖아요. 더 공부하려 하지 마시고, 목회하시면 좋을 것 같아요."

그 목사님은 정말 아무것도 꾸미지 않으셔서 시장통의 과일 파시는 아주머니와 같은 촌스러운 옷차림을 하고 계셨다. 그런데 대화 중에 그 이유를 짐작할 수 있었다. 그분들을 존경하지 않을 수 없는 것이 수입이나 헌금이 생기면 거의 다 어려운 사람 돕거나 선교지로 보내고, 또한 개척 교회 후원을 하신다는 것이다.

남편 목사님께서 이렇게 물으셨다.

"근데 남아공이 어디에 있는 나라예요?"

그분은 지구본을 들고 오시면서 거기가 어딘지 모르겠다고 말해 달라 하셨다. 두 분은 잘 배우지 못해서 자신들은 그런 나라가 있는지도 모른다는 것이다. 나는 지구본을 가리키며 알려 드렸다.

"여기예요. 아프리카 제일 끝에 있는 나라인데, 사실 아프리카에 있긴 하지만 백인들이 만든 국가이고, 대학들이 굉장히 좋은 나라지요."

"근데 목사님께서는 뭘 알고 싶으셔서 오셨습니까?"

나는 내가 체험한 꿈 이야기를 짧게 간증해 드리고, 상황을 자세히 말씀드렸다.

"…그래서 저는 알 수가 없군요. 제가 유학을 가는 것이 하나님 뜻인지, 가지 말아야 하는 것인지, 간다면 아내와 가족을 데리고 가야 하는 건지 아니면 남겨 두고 가야 하는 건지, 그것도 아니면 국내에서 이제 목회를 시작해야 하는 건지 알 수가 없습니다."

목사님이 나와 아내를 바닥에 앉게 하자 우리는 무릎을 꿇었고, 그분은 머리에 손을 얹고 기도해 주시기 시작했다. 이런 기도하시는 분들이 다 그렇듯 이내 그분 입에서 방언이 쏟아져 나오기 시작했다. 그러면서 대언의 기도가 하나씩 터져 나왔다.

"사랑하는 아들아, 내가 너에게 말한다. 너는 남아공으로 가야 한다. 내가 너를 예비하였노라. 너는 남아공 땅으로 가되, 혼자 가선 안 된다. 네 아내와 네 자녀들을 데리고 가야 한다."

이 대목을 듣자 내 마음에 안도와 함께 큰 확신이 왔다. 아, 가야 하는 거구나, 가족과 함께. 그런데 다음 기도가 이어졌다.

"그러나 너는 남아공에 가서, 무엇보다 복음을 전하는 선교사가 되어야 하느니라. 사랑하는 아들아, 내가 너와 함께하리라. 너를 도우리라."

이게 도대체 무슨 소리인가. 세상에 이럴 수가. 순간 내가 받은 충격과 혼란은 걷잡을 수가 없었다. 내 삶에서 중학교 시절 슈바이처와 같은 의료 선교사가 되고 싶다는 낭만적 꿈을 품어 본 적은 있을지언정, 선교사가 된다는 것은 단 한 번도 상상도 해보지 않았다. 목회자로서 나의 삶의 계획에 개척과 선교는 존재한 적이 없었다. 나는 그런 일은 아무나 하는 것이 아니라 생각했기 때문이다. 그런데 선교사라니….

잠시 안도의 한숨을 채 내쉬기도 전에 들은 그 충격적인 대언의 기도에 나는 순식간에 혼란 속에 빠져들었는데, 그럼에도 불구하고 묘하게도 정작 나의 입에서는 "아멘" 하는 응답이 자동적으로 튀어나왔다. 그리고 다시 나의 영은 격동하며 눈물과 콧물로 얼굴이 범벅이 되기 시작했다. 하지만 결코 나의 이성은 동의가 되질 않았다. 의심이 순간적으로 계속 지나갔다. 그 와중에 목사님의 입에서 내가 해야 할 일이 쏟아지기 시작했다.

"사랑하는 아들아, 너는 그 땅에 가서 무엇보다 신학교를 세워서 목회자들과 지도자들을 가르치는 일을 해야 한다. 이것이 너의 첫 번째 사명이다. 또한 너는 틈을 내어 공부하라, 너는 때가 되면 공부를 마치게 될 것이다.

그리고 네 아내는 어린이들을 위해 탁아소… 아니… 가만, 이게 뭐지? 유치원인가…?(기도하면서 하나님께서 보여 주시는 것이 유치원인지 탁아소인지 파악이 잘 안 돼 혼자 중얼거리셨다 한다.) 유치원과 탁아소 아이들을 돌보는 일을 해야 한다.

언젠가 때가 되면 갑자기 누군가가 너에게 갈 것이다. 너는 그 사람을 통해 그 땅에 병원을 세우게 될 것이다. 내가 너에게 병 고치는 은사를 주지 않을 것이다. 그러나 병원을 통해 너는 사람들의 육신의 질병을 고치는 일을 하게 될 것이다. 하지만 너의 자녀가 아플 땐 손을 얹고 기도하거라. 그러면 내가 너의 자녀를 치료하리라."

실제로 나는 여러 번 나의 아이들이 안수로 치유되는 일을 경험했다. 그러나 병 고치는 능력은 한두 번의 예외적 사례를 제외하고는 확실히 주지 않으신 것 같았다. 어쨌든 눈물이 멈추지 않는 가운데, 묵묵히 대언의 기도를 들으면서도 내 마음의 의심은 거두어지질 않았다.

'전혀 선교사와 어울려 보이지 않는 나더러 선교사가 되라니, 이게 말이 되는 것인가…'

나의 이성으로는 이 사실이 인정되지 않았고, 동시에 나의 영혼은 울면서 자동으로 "아멘"으로 응답하는 기이한 상황이 계속되었다.

"사랑하는 아들아, 내가 너에게 파송 교회를 주지는 않을 것이다. 그러나 너는 염려하지 말아라. 너는 즉시 떠나야 한다. 네가 가면 모든 것이 준비되어 있을 것이다. 즉시 일을 시작하게 될 것이다. 언어의 염려, 생활의 염려를 하지 마라. 아무것도 없지만, 아무 염려 말아라. 네게는 많은 어려움이 닥칠 것이다. 때로는 먹을 양식도 없는 어려움도 당하리라. 그러나 내가 너를 도우리라. 내가 너와 함께하리라."

실제로 우리 가족은 몇 년간 큰 경제적 어려움을 당하며 선교지에서 버텨야만 했다. 하지만 우리의 형편을 불쌍히 여기셨는지 하나님께서는 6년 뒤, 가장 어려웠던 시기에 파송 교회를 허락하심으로써 결과적으로 파송 교회를 주지 않으실 거란 말씀은 유효 기간이 길지는 않았다. 추가로 한 가지 더 기억에 남는 기도가 있었다.

"사랑하는 아들아, 너에게 많은 손님들이 찾아갈 것이다. 언제나 나를 대접하듯 그분들을 정성껏 대접하라. 그 누구라도 네 손님을 지극히 대접하면, 그 사람들을 통해 내가 일을 할 것이다."

나는 원래 사람에 대한 예의를 중시하는 가치관을 갖고 있다. 내게 가르침을 주신 스승님들에게는 언제나 존경심을 갖고 있고, 윗사람을 잘 모시려 애쓴다. 그리고 동료나 후배들에게도 언제나 예를 갖추려 노력하는 편이다. 한번은 이곳 남아공 한인회의 총무를 맡으신 분이 우리 집을 찾아와 내게 이렇게 말해 준 적이 있었다.

"목사님에 대해 고마운 마음이 있습니다. 좀 특별하십니다. 제가 수백 통의 이메일을 한인들에게 자주 발송하는데, 한인들을 위해 수고해 줘서 고맙다는 답장을 해주시는 분은 목사님과 그 외 한두 분밖에 없습니다."

사실 나는 이런 칭찬을 들으려고, 혹은 무슨 이익을 얻고자 계산을 해서 그런 답장을 쓰는 것이 아니었다. 단지 그렇게 고마움을 표현하는 것이 내게는 너무나 자연스럽고 마땅한 일이라 그런 것일 뿐이다. 아무튼 성령님께서는 그날 기도를 통해 선교지에서는 더욱 내게 보내시는 손님들을 잘 대접하라고 말씀해 주셨다. 또한 그들을 통해 일을 하게 될 것이라 하셨다. 실제로 지난 10년 동안 많은 손님들이 우리 가정을 거쳐 가셨고, 나는 최선을 다해 손님들을 모셨다. 그리고 목사님이 말씀하신 대로 하나님께서는 그분들을 통해 많은 일을 행하셨음을 고백한다.

이렇게 대언을 해주시던 목사님이 느닷없이 찬송가를 부르면서 눈물을 쏟아 내기 시작하셨다. 그러면서 큰 위로의 말씀을 계속 주셨다.

"아들아, 나는 네가 얼마나 마음이 여린지 잘 안다. 너의 아내도 너무나 여리다는 걸 안다. 그러나 담대하라. 내가 함께할 것이다. 내가 도울 것이다."

사람들은 대체로 나를 상당히 강한 심성을 가진 것으로 본다. 그러나 나는 실제로 마음이 너무 여린 사람이다. 나의 초중고 동창들은 그 사실을 아주 잘 안다. 앞서 말한 대로 나는 그냥 존재감이 없었던 순둥이였으며, 무서움이 많았던 아이였다. 나중에 그 목사님께 여쭈었다. 왜 갑자기 눈물을 쏟으며 기도하셨냐고. 목사님께서 대답하셨다.

"사실 그때, 목사님 부부를 보내시는 성령께서 마음 아파하며 우셨어요. 말할 수 없는 큰 위로하심으로 채우시면서…. 저도 덩달아 울지 않을 수 없었습니다."

이 말을 듣는 당시엔 눈물이 나오지 않았다. 그러나 성령께서 나를 보내며 우셨다는 말씀이 시간이 갈수록 나에겐 말할 수 없이 큰 위로가 되었으며, 지금도 그렇다.

이 대언의 기도를 통해 하나님께서는 위의 동일한 세 가지 사명을 무려 세 번이나 반복하셨다. 아마 내가 자꾸 의심을 하니 그렇게 거듭 말씀하셨다는 생각이 든다. 그런데 기도가 조금 마무리되어 간다는 느낌이 들 즈음, 다음과 같은 말씀을 마지막에 주셨다.

"사랑하는 아들아, 때가 되면 한국에서 다시 너를 부를 것이다. 그러나 너는 단지 기도하라. 네가 한국으로 가야 할 것인지 아프리카에 남아 있어야 할 것인지 그때 가서 알려 주리라."

언젠가 한국에서 다시 부른다는 것이 무슨 의미인지를 나는 알 수가 없었다. 나는 이 부분은 전적으로 하나님께 맡겨 놓은 상태다. 그러나 내가 확고히 내린 결론은 어디에서 하나님의 나라와 복음을 위해 쓰임을 받든, 부르심과 소명, 그리고 순종이 중요하지, 내 생각과 계획은 내려놓아야 한다는 것이다.

어쨌든 이런 구체적인 대언의 기도에도 불구하고 나는 계속 의심이 들었다. 분명 나는 무조건 순종해야 했다. 왜냐하면 "주님, 그냥 오늘 이분을 통해 말씀해 주십시오"라고 하나님께 이미 기도를 드렸기 때문이다. 하지만 나는 여전히 100퍼센트 무릎이 꿇어지지는 않았다. 잠시의 순간에도 대언 기도의 신빙성에 대한 의심이 수없이 지나갔다.

'남아공이 아프리카라니까, 이분이 지금 즉흥적으로 나한테 아프리카 선교사 되라는 거 아닌가? 신학교, 유치원, 병원… 이런 건 선교사들이 기본적으로 하는 일인데, 누구한테든 저렇게 말할 수 있지 않은가? 나한테만 그러는 것이 아니고 찾아오는 사람들

대부분에게 이런 식인 것은 아닐까?'

하지만 하나님께서는 마지막 순간에 정말 내가 더 이상 아무런 의심을 할 수 없도록 어떤 분명한 증거를 보여 주셨다. 그 증거 앞에 내가 받은 충격은 굉장했다. 마침내 대언 기도가 소강상태로 접어들면서 끝나는 분위기였다. 그 목사님의 손 떨림도 점점 사그라졌다. 그러다 조용한 음성으로 나의 온몸을 전율케 한 마지막 말씀이 주어졌다.

"사랑하는 아들아, 건강관리를 잘해야 한다. 너는 하체의 힘을 길러야 한다. 특히 너는 눈이 쑤시는구나. 눈이 쑤시지 않도록 영양을 잘 공급하고, 잘 쉬어야 한다."

'너는 눈이 쑤시는 구나….'

아, 이럴 수가…. 나는 정말 뒤통수를 쇠망치로 한 대 얻어맞은 느낌이었다. 순간 몸이 굳으며 멍해졌다. 눈을 찔끔 감고 무릎 꿇은 몸을 깊이 숙이며 고개를 처박아야 했다. 그리고 하나님께 항복했다.

'하나님, 잘못했습니다. 순종하겠습니다.'

사실 당시 나는 왼쪽 눈이 쑤시는 문제를 지니고 있었다. 당시 가족들과 아내마저도 모르고 나만이 아는 신체적 불편함이었다. 고등학교 1학년 시절, 친구가 막대기로 장난을 치다가 나의 왼쪽 눈을 그대로 찌르고 말았다. 눈이 만신창이가 되었는데, 하나님 은혜로 동공이 불과 1밀리미터 차이로 손상이 안 돼 실명을 면

했고 흰자위는 걸레처럼 상처투성이가 되었다. 지금도 약간의 흉터가 남아 있다. 그 후로 몸이 좀 피곤하고 잠이 부족하거나 먹는 것이 부실하면 그 눈이 쑤셨다. 밤새 책을 읽어야 할 때는 고기를 섭취하지 않으면 어김없이 눈이 발개지면서 쑤셨다.

그러나 큰 문제는 아니었다. 조금만 관리하면 되었기 때문이다. 그런 이유로 누구에게도 말을 하지 않았던 것이다. 눈이 쑤시면 잘 먹어 주고 무조건 잠을 자야 한다. 그러면 회복된다. 그런데 묘하게도 남아공에 온 뒤로는 하나님께서 완치시키셨는지 이 문제가 사라졌다. 박사 논문을 쓰면서는 한 사흘 밤을 새워도 아무렇지도 않았다.

어쨌든 우리의 머리털 하나까지 다 세시고 체질을 다 아시는 하나님께서 그 문제를 정확히 짚어 내신 것이다. 난 소스라치게 놀라지 않을 수 없었다. 체질 진단은 여기서 그치지 않았다. 목사님이 나의 아내를 안수하며 이렇게 말씀하셨다.

"사랑하는 딸아, 너는 겉은 차고 안은 뜨거우니 절대로 녹용을 먹어선 안 된다."

이건 당시에 나도 모르는 사실이었다. 아내에게 집으로 돌아오는 길에 물었다.

"녹용 먹지 말라는데, 맞아?"

아내는 정말 놀랐다고 한다. 왜냐하면 초등학교 1학년 때인가, 한의원에 갔는데 한의사가 그랬다 한다.

"이 아이는 절대 녹용을 먹여선 안 됩니다. 속이 뜨거운 체질이라서요." 그 뒤로 녹용을 먹어 본 적이 없다는 것이다. 물론 아내 또한 나의 이야기를 듣고 크게 놀랐다.

하나님께서 그 확인 도장을 이중으로 찍으시자 나는 더 이상 의심을 할 수가 없었다. 그리고 선교사의 삶을 받아들였다. 어떤 사람들은 선교로의 부르심에 내가 순종한 것을 대단한 걸로 여긴다. 그러나 결코 그렇지 않다. 아마 이런 상황을 만나면, 누구도 나처럼 무조건 순종하지 않을 수가 없었을 것이다. 자꾸 의심을 하니 나와 아내, 두 사람의 체질까지 정확히 진단해서 확인 도장까지 찍었는데, 어떻게 순종하지 않는단 말인가?

돌아오는 길에 아내와 이야기했다. 생각할 것도 없이 우린 이제 선교사다. 그런데 아내는 중학교 시절 선교사가 되겠다고 서원을 한 적이 있었다고 고백했다. 그래서 나는 아내에게 우스갯소리로 이렇게 탓을 했다.

"바로 당신 때문이었구먼! 당신 때문에 나까지 덩달아 선교사가 된 거네. 도대체 뭐 하러 그런 서원을 했어!"

일산에서 집에 돌아오자마자, 나는 그 목사님의 이름, 연락처, 주소를 적어 놓았던 종잇조각을 손으로 구긴 뒤 쓰레기통에 버렸다. 그래서 지금도 그분들 이름을 모르고, 교회 이름도, 위치도 전혀 기억이 나지 않는다. 이렇게 끊은 이유는 하나님께서 단일회적으로, 비상한 방식으로 나를 위해 그분들을 사용했다고 믿기 때문이다.

　나는 그 상황에서 하나님께 '주님, 그냥 오늘 이분을 통해 말씀해 주십시오. 순종하겠습니다'라고 할 수밖에 없었고, 하나님은 그렇게 역사하셨다고 확신하고 있다. 혹시라도 내가 전화번호를 보관해 놓으면, 아프리카에 가서도 무슨 일이 있을 때마다 그분들에게 전화해서 기도를 부탁하며 하나님의 뜻을 물어보게 될까 스스로 염려가 되기도 했다. 그건 결코 바람직한 기독교 신앙이 아니라고 생각한다.

　누구에게든 이런 걸 추구하는 걸 만류하고 싶다. 하나님께 기도하고 하나님이 주신 자신의 판단과 사고, 주변 사람들의 조언을 통해 어떤 일을 결정하고 나가면 된다고 생각한다. 이것이 보편적인 하나님의 일하시는 방식이고, 나의 경우는 조금 특수했을 뿐이다. 그래서 나는 그 목사님께는 너무 죄송했지만, 아예 빌미가 될 여지를 없애 버린 것이다.

　사실 나의 체험은 다른 사람들에 비하면 아주 대단한 것은 아니다. 나 같은 사람들은 찾아보면 주변에 많고, 더 신비한 체험을 한 사람도 부지기수다. 그러나 누구에게든 간증이 신앙의 영웅담이 되어선 안 된다. 나도 마찬가지다. 이런 일을 체험한 사람이 은연중에 영웅심을 가지는 경우들이 많은데, 그건 교만한 것이며 아주 잘못된 것이다. 사실 진짜 영웅은 그런 체험이 전혀 없어도 자신의 삶을 하나님을 위해 바치겠다고 모든 것을 내려놓고 낮은 곳으로 간 사람이라 할 수 있다. 주님을 위해 모든 것을 바치고 인생을 걸겠다고 결심하면, 그 사람의 순종이 나보다 몇 배나 훌륭한 순종인 것이다. 사실은 위대한 순종의 본을 보인 신앙의 용사들은 대부분 그런 사람들이라 할 수 있다.

나에게는 아직 이루어지지 않은 대언의 약속이 한 가지 남아 있다. 세 번째 약속인 병원을 짓게 되리라는 것이다. 앞의 두 가지는 남아공에 간 지 얼마 되지 않아 즉각적으로, 그리고 하나님의 특별한 역사 가운데 놀라운 사역의 열매를 맺으며 이루어졌다. 그 기도대로 현재 나의 가장 우선된 사역은 동료 선교사님들과 함께 세운 ABBA(Africa Bible Based Academy) 신학교 사역이다. 놀라운 것은 아내가 하는 어린이 사역인데, 그 목사님이 대언 기도할 때 말씀하신 대로 20여 개의 돕는 유치원 중에 그게 탁아소인지 유치원인지 분간이 안 가는 곳이 태반이라는 것이다.

그러나 세 번째 약속은 아직 이루어지지 않고 있다. 이 일이 앞으로 어떻게 될 것인지 나는 알 수 없다. 그러나 나는 이것에 전혀 집착하지 않고 있다. 왜냐하면 이 약속이 지금 성취되지 않는다 해도 하나님이 나를 선교사로 부르셨음을 전혀 의심하지 않기 때문이다. 나는 내게 주신 대언 기도의 큰 줄기가 중요하다고 보고 있다.

사실 남아공은 병원을 지으려면, 멀리 시골로 가야 한다. 오래전부터 남아공의 백인 정권은 도시 주변의 어지간한 곳에는 병원을 많이 지었기 때문이다. 다만 남아공의 도시 지역의 경우는 주변 빈민촌에 주민들의 기초 보건과 위생을 위한 보건소 수준의 진료소가 매우 절실히 필요하다. 반면에 남아공의 시골 지역은 너무나 가난해 다른 아프리카 국가들과 상황이 비슷하다. 따라서 병원이 남아공에 세워지려면 먼 시골 지역이어야 하고, 그것이 아니라면 세계 최빈국들에 속한 남아공의 인접 국가들인 짐바브웨나 레소토, 나미비아 혹은 모잠비크 같은 곳이어야 한다.

이 세 번째 약속과 관련해서 나는 이렇게 생각한다. 설사 병원을 내가 직접 못 세운다 해도 나의 아들 중 누군가가 그 일을 할 수도 있고, 나를 통해 제삼자가 할 수도 있고, 또 어느 날 갑자기 그럴 날이 올 수 있는 등 여러 방법이 있을 수 있다. 그런데 나는 아프리카에 살면서 이곳 의료 선교의 최상의 방식은 의료 차량에 시설이 완비된 '이동식 진료소' 혹은 '이동식 병원'이라고 생각하게 되었다.

사실 최근에 전·현직 의료 선교사 분들과 우연한 계기로 알게 되어 서로 깊이 이야기한 소중한 만남들이 있었다. 앞으로 어떤 방식으로든 내가 의료 선교와 관련된 일에 협력하게 될 것 같다는 생각이 든다. 그러나 무슨 일이 어떻게 진행될지는 오직 하나님만이 아실 것이다.

어찌되었든 나는 이 각론에는 전혀 집착하지 않고 있다. 이것을 이현령비현령 식의 자의적 해석이라 보는 분도 있을지 모르나, 나는 선교라는 큰 줄기의 확고한 부르심은 한 번도 의심한 적이 없기 때문이다. 분명히 하나님께서는 이 선교 현장에서 당신의 일을 하도록 나를 이곳 땅끝으로 불러 주신 것이다.

    당시 아프리카 대륙 최남단에 있던 남아프리카 공화국은 나에게는 한국에서 가장 먼 나라였다. 나중에 알고 보니 남미의 아르헨티나가 가장 멀었지만, 나는 대서양과 인도양을 가르는 반환점인 희망봉이 있던 남아공을 마치 땅끝의 나라처럼 생각했었다. 따라서 그것은 내게 '땅끝으로의 부르심'인 셈이었다.

Part 2
희망봉의 땅에서

"아니야, 하나님이 살려 주신 거야"
나는 믿는다.
하나님께서 나의 손을
'좋은 손'으로 사용하셨다는 것을.

남아공으로 떠나다

나와 가족은 어쨌든 이제 선교사로서 남아공으로 가야만 했다. 그러나 선교지로서 남아공은 생각해 본 적이 없었기에, 어디로 누구에게 어떻게 가야 할지 알 길이 없었다. 남아공 선교사님들을 인터넷으로 뒤져 조금 유명하거나 내가 선교를 배울 만한 연륜이 있어 보이는 분들의 홈페이지나 메일을 찾아 연락을 드렸다. 그리고 나의 간증과 부르심을 말씀드리고, 우리가 그쪽에 가면 받아 주실 수 있냐고 문의했다. 그런데 아무에게도 답장이 안 왔고, 어떤 사람은 무슨 이유에서인지 자기한테는 오지 말라고 답장을 주셨다. 어디로 가야 할지 막막했다.

그러다 같은 총신신대원 출신인 합동 교단 소속의 박진호 선교사님이 프레토리아에 계시다는 것을 알게 되었다. 안면이 익은 분이셨다. 나중에 알고 보니 나에게 신대원 시절 헬라어를 배웠던 적이 있으셨다. 나이는 나보다 불과 한 살 적었으나 신학을 늦게 해 내게 배우게 된 것이다. 나는 박 선교사님에게 연락을 드려 자초지종 사정을 말씀드렸는데, 자기한테 오라고 하셨다. 그래서 나는 프레토리아로 가게 된 것이다.

많은 사람들이 처음부터 내가 공부를 하고자 프레토리아로 갈 계획이었던 것으로 생각하는데, 그것은 큰 오해다. 당시 학업 비자를 받은 곳이 프레토리아이긴 했지만, 이제 선교로 부름을 받았기에 나는 무조건 어디서든 먼저 부르는 곳으로 갈 생각이었다. 그곳이 도시든 시골이든 개의치 않았다. 그런데 결국 아무데서도 나를 부르지 않아 박진호 선교사님 밑으로 들어간 것이다.

이미 프레토리아 대학의 유학 비자를 받아 놓은 나는 선교사 훈련도 받지 않고, 파송 교회도 없이 무작정 남아공행 비행기를 탔다. 유학 비자로 비행기를 탄 이상한 선교사가 된 것이다. 사실 과거에 선교사 훈련을 3개월 동안 받은 적이 있긴 했다. 1992년경에 당시 가장 선교 훈련 시스템이 좋았던 '한부선 선교 센터'에서 3개월 한 학기(term) 집중 훈련을 받은 것이다. 그 이유는 앞으로 목회를 한다면 반드시 선교에 대해서도 알아야 한다는 생각과 더불어 이왕이면 영어 설교도 어느 정도 훈련 받고 싶어서였다. 그러나 결코 선교사가 된다는 생각은 해본 적이 없었다. 하지만 하나님의 섭리와 계획 가운데 그때 받은 훈련이 결국 이때를 위함이었던 것 같다. 다른 선교 단체의 훈련을 받고 나간 것이 아니기에, 그때 받은 선교 훈련이 말할 수 없이 큰 도움이 되었기 때문이다.

　　남아공에 들어가기 직전 나는 새로운 메일 계정을 하나 열었다. 아이디는 goodhand, 즉 '좋은 손'이었다. 선교를 떠난 후, 나는 선교사로서의 결심을 담은 그 아이디의 작명 이유를 선교편지로 보낸 적이 있다. 선교 사역 10년째가 된 지금 그것을 여기에 옮겨 본다.

　좋은 손

　누구나 자신의 아이디를 만들 때
　각자 나름의 의미를 부여하여 만들 것입니다.
　저도 예외는 아닙니다.

　좋은 손(goodhand)은 남아공에 선교의 부름을 받아 오기 전
　기도하며 만든 저의 선교용 메일 아이디입니다.
　(goodhand@xxxxx.com)

　무엇보다 진정으로 '좋은 손'이
　되기를 바라는 소망을 담았습니다.
　바로 사람을 섬기고 베푸는 손이 되기를 바라는 마음입니다.

굳이 양손을 의미하는 '좋은 손들'(goodhands)이 아닌
한 손인 '좋은 손'(goodhand)으로 만든 이유도 있습니다.

예수님께서
"오른손이 하는 일을 왼손이 모르게 하라"
고 하셨기 때문입니다.
이렇듯 '좋은 손'에는 드러내지 않기를 바라는 마음이
담겨 있습니다.

그렇게 쓰임 받고 싶습니다.
드러내지 않고 오직 주님을 기쁘게 하는 손으로.

때로 섬김이 아닌 군림과 자랑,
그리고 드러냄의 유혹을 받을 때도 많습니다.
왼손에게 오른손의 일을 기어이 알리고 싶은 때도 있습니다.

그러나 그럴 때마다
'좋은 손'이라는 아이디가 저를 책망하고 바로잡아 줍니다.

저를 '좋은 손'의 저울에 종종 달아 봅니다.
은밀한 오른손처럼 얼마나 조용히 하나님과 동행하며
사람을 섬기고 베풀고 사랑했는지가 기준입니다.

항상 불합격이오 자격 미달입니다.
'좋은 손'이란 아이디에

그저 한없이 부끄러울 따름입니다.

그럼에도 저는 제 아이디가 좋습니다.
언제든 그런 사람이 되고 싶기 때문입니다.
바로 보이지 않는 '좋은 손'입니다.

그러나
아무도 보지 않는 골방 안에서 만큼은
'좋은 두 손'이고 싶습니다.
합하면 기도의 두 손, 떼어 올리면 찬양의 두 손!
바로 그 '두 손'입니다.

기억하렵니다.
골방 안의 '좋은 두 손'이 되지 않으면
골방 밖의 '좋은 손'은 될 수 없음을
좋은 손은 좋은 기도의 두 손이어야
좋은 손이 될 수 있음을

- 좋은 손 김경열 선교사 -

무지개의 나라 남아공

　남아공은 무지개의 나라(rainbow nation)라 불린다. 이 나라는 또한 지금은 고인이 된 국부 만델라의 나라이기도 하다. 5천만 인구 중 80퍼센트가 흑인이고 10퍼센트는 백인, 나머지 10퍼센트는 말레이시아 혼혈계, 인도와 중국 그리고 아시아계 사람들이다. 이 다양한 인종이 한데 섞여 살고 다양한 가치와 문화를 서로 존중하며 살기에 스스로를 '무지개의 나라'라 부르는 것이다.
　흑인들의 자유를 위한 오랜 투쟁의 결과, 악명 높은 인종차별 분리 정책인 아파르트헤이트(apartheid)가 종식되고 결국 1994년 만델라가 최초의 흑인 대통령으로 취임하기 전까지 백인들은 이 땅을 오래도록 지배했다. 일찍부터 값싼 흑인 노동력을 이용해 광산업과 농업을 발달시켜 엄청난 양의 다이아몬드와 금 그리고 농산물을 수출해서 백인들은 부자가 되었다.

이렇듯 이 나라는 백인들의 나라였고, 따라서 수많은 백인들의 유산이 여전히 남아 있다. 그로 인해 세계적 수준의 대학들이 여럿 있고, 도시의 인프라는 놀라울 정도며, 관광지가 국제적 수준으로 개발되어 있다. 예컨대 세계 3대 미항인 케이프타운을 비롯해, 아름다운 해변과 세계적인 사파리(safari) 공원들로 인해 이 나라는 유럽인들이 가장 선호하는 관광국의 하나로 꼽힌다. 도로 포장률은 세계 상위권에 들 정도며, 수돗물은 세계에서 세 번째로 깨끗하며, 백인 정권 시절 전기료는 세계에서 가장 저렴했고 남은 전기를 인근 국가들에 수출했던 나라다.

그러나 이 땅의 사실상의 주인이었던 흑인들은 백인들과 별개로 독자적인 문화와 전통, 관습을 유지하며 살아 왔다. 그로 인해 남아공은 흑과 백이 뚜렷이 양분된 극단의 양극화 사회다. 백인들의 삶과 흑인들의 삶은 철저히 단절되어 있다. 정치, 경제, 교육, 종교, 레저 문화, 거주지 등 모든 분야에서 그러하다. 만델라가 주도한 오랜 투쟁 끝에 정치권력은 흑인에게 넘어갔지만, 경제는 여전히 백인들의 손아귀에 장악되어 있다. 백인은 여전히 부의 80퍼센트를 차지하고 있고, 광산의 대부분과 농지의 87퍼센트를 소유하고 있다.

돈이 많은 백인들은 안전하고 환경이 좋은 곳에 주로 밀집해서 산다. 결국 거주지가 구분되어 자연히 백인 지역과 흑인 지역, 그에 따른 백인 학교와 흑인 학교가 뚜렷이 나뉘고, 교회도 그러하다. 백인 지역에는 흑인들이 갈 수 없는 백인들만 모이는 교회 일색이며, 물론 백인들도 흑인들 교회에 전혀 가지 않는다. 일부 교회만이 흑백 연합의 아름다운 예배를 실천할 뿐이다. 돈도 주로 백인 부유층 사이에서만 순환되고, 대다수 흑인들은 깡통집에서 가난에 허덕이며 산다. 흑인들은 실업률이 비공식적 집계로 40퍼센트에 육박할 만큼 어려움을 당하고 있다. 한마디로 백인들의 거주지와 생활권은 유럽 선진국이고 일부를 제외한 대다수 흑인들은 그냥 가난하고 낙후된 아프리카에 사는 것이다. 결국 남아공은 유럽과 아프리카가 공존하는 땅인 셈이다.

신학에 관심이 있는 사람들은 남아공을 기독교의 전통이 오랜 나라로 앤드류 머레이 같은 영성의 거장과 세계적 수준의 신학이 발전한 나라로 인식한다. 결국 이런 나라에 왜 선교사가 필요하냐는 자연스런 질문을 던지게 된다. 그러나 그것은 백인 사회에 해당되는 이야기다. 많은 흑인 목회자들은 책 한 권도 없이 목회를 하는 실정이고, 거의 대다수가 직업을 별도로 갖고 목회 활동을 한다. 이곳 프레토리아와 요하네스버그 지역은 그래도 목회자 수준이 좀더 낫지만 지방과 시골로 조금만 가면, 가난해서 신학교는커녕 성경학교도 못 가본 목회자들이 80~90퍼센트에 육박한다. 도시 근교는 상황이 그래도 좋은 편이나 시골로 가면 목회자의 평균 학력은 중학교 3학년 정도 된다.

그리고 아프리카 토속 종교와 전통 문화, 미신, 무당('쌍고마'

라 불림), 조상 숭배와 정령 숭배 그리고 동물 제사 관행이 교회에 혼합되어 들어와 있다. 그 정도가 상당히 심각하다. 사실은 이 땅의 기독교는 변질된 유사 기독교인 셈이다. 흑백의 양분에 따른 교회의 양극화로 인해 국제적 수준의 신학이 남아공에 발달해 있다 한들, 대다수 흑인들과는 아무 상관이 없다.

벌써 10년 전인 2005년 당시 주한 남아공 대사관의 유학 홍보물에는 남아공에 세계 150대 대학이 4개가 있다고 소개되어 있었다. 남아공 대학들에 대해 어떤 사람들은 후진적인 아프리카 대학이라 착각하는데 결코 그렇지 않다. 케이프타운 대학, 스텔렌보쉬 대학, 포체스트룸 대학, 그리고 프레토리아 대학 등은 남아공의 최고 대학들로서 여전히 국제적으로 학문적 위상이 높다.

흑인 정권이 들어선 후 지금은 흑인 쿼터제(정원을 늘린 후 약 절반 정도를 흑인으로 채워야 함)로 인해 입학 정원이 대폭 늘어 순위가 많이 떨어져 있는 상태지만, 기한 내 졸업을 10~20퍼센트 정도밖에 못하기에 졸업생 기준으로는 그 수준이 여전히 세계 상위권이라 할 수 있다.

졸업을 위해서 학생들은 피나게 공부를 하지 않으면 안 된다. 졸업은 그야말로 전쟁과 같다. 예컨대, 프레토리아 대학의 정치학부의 경우 2007년도에 500명이 입학해서 3년 뒤 단 9명만 졸업했다.(인문학은 3년 과정이다.) 믿기 어렵겠지만 사실이다. 매년 상황은 비슷하다. 나머지는 보통 2년 정도 더 공부해서 겨우 약 30

퍼센트 정도만이 졸업에 성공한다. 다른 학과들은 좀더 낫긴 해도 엄격하긴 마찬가지다. 결국 졸업생이 우수할 수밖에 없다. 교수들은 학적 자존심이 강해 수준이 안 되면 결코 졸업을 안 시킨다.

그럼에도 불구하고 한국에서는 아쉽게도 남아공 대학 출신 한국 학생들이 저평가되고 있다. 그 이유는 아프리카 대학이라는 편견이 자리 잡고 있음과 더불어, 또한 학생들이 대학에서 받는 평점이 낮기 때문이다. 그런데 예컨대, 프레토리아 대학에서 70점을 넘기면 대단히 높은 점수이고 80점은 학과 내에서 겨우 몇 명밖에 받지 못하는 고득점이다. A학점이 남발되는 한국 대학과는 평점의 진실이 다른 것이다.

백인들이 구축해 놓은 이런 교육적 유산은 초중고 학교들에도 많이 남아 있다. 나의 첫째 아들 유민은 2014년도에 프레토리아의 보이스 하이스쿨(Boys High school)에 입학했다. 그 학교는 학비가 저렴한 남아공의 명문 고등학교로 지금까지 두 명의 노벨 과학상을 배출했다. 2013년도 노벨 화학상 수상자 마이클 레빗(Michael Levitt, 영국 캠브리지 대학 교수)과 그 이전 1951년도 노벨 생리학상 수상자 막스 타일러(Max Theiler)가 이 학교 출신이다.

한 고등학교가 노벨 과학상을 두 명이나 배출하는 경우는 매우 드물 것이다. 그러나 이 학교는 방과 후 음악 활동과 체육 활동을 오후 3~4시까지 의무적으로 시킬 만큼 전인 교육을 지향한다. 그럼에도 이토록 뛰어난 학문적 업적도 이루어 냈다. 실제로 학생들은 이렇게 다양한 활동을 함에도 졸업 후 남아공의 유수한 대학만이 아니라 미국과 유럽의 일류 대학들에 많이 진학한다. 한국 교육계가 곰곰이 생각해 볼 문제다.

어쨌든 그만큼 백인들이 남아공에 남겨 놓은 교육적 유산은 대단하다. 그러나 그 반면에 흑인 지역 대부분의 학교들은 백인들의 유산과 아무런 상관이 없다. 교육 수준이 너무 낮고 환경이 여러모로 열악하다. 아이들은 일찍부터 마약을 배우고 성적 타락에 젖어 들며 자연히 일찍부터 범죄 조직과 에이즈의 위험에 노출된다. 선교적 필요와 요구가 너무 절실한 것이다. 우수한 일부 흑인 아이들은 좋은 대학으로 유입되어 백인에게 뒤지지 않는 탁월한 능력을 보여 주고 있지만 소수에 불과하다. 이렇듯 교육 분야에도 인종에 따른 양극화가 뚜렷하다.

2013년에 만델라가 세상을 떠난 후 사람들 사이에서는 남아공의 미래에 대해 희망과 절망, 낙관과 비관이 교차하고 있다. 과연 앞으로도 흑백의 공존이 계속될 것인가 하는 문제다. 지금까지 평화와 용서, 화해의 사도였던 만델라는 흑백 갈등과 더불어 흑인 인종들 간의 충돌, 즉 흑흑 갈등을 완충하는 스프링 역할을 해온 사람이었다. 그는 위대한 화해의 중재자였다. 이제 그 완충장치가 사라지고 제동 장치가 풀려 버렸다. 많은 사람들은 만델라의 위대한 유산은 모든 인종 속에 깊이 새겨질 것이라 말하며 낙관하지만, 나는 사실 많이 염려된다.

남아공은 이제 인류 문명사적으로 중대한 실험장이 될 것이다. 과연 그 땅에서 흑과 백이 공존할 수 있을 것인가? 나아가 흑백을 넘어 흑흑이 상생할 수 있을까? 그것은 어떻게 가능할 것인가? 남아공의 미래는 희망이 될 수도 있고, 아니면 절망이 될 수도 있다. 이 두 가능성 속에서 우리는 그리스도인으로서 기독교와 교회의 역할을 깊이 생각해 보아야 한다. 남아공의 한인 선교사들은 이 점에서 또 다른 역사적 사명을 지니고 있는 것이다.

빈민촌 목회를 시작하다

우리 가족은 이제 새로운 땅 남아공에 도착했다. 그러나 들고 온 돈은 불과 서너 달이면 동이 날 상황에서 생계 수단이 막연했다. 아프리카는 직접 사업을 하지 않는 이상 아르바이트나 잡일 등의 자비량을 할 수단이 존재하지 않는다. 그런데 하나님께서 자비량 선교를 하라니 참 막막한 일이었다. 그러나 차량 구입 후 남은 돈으로 더 이상 버티기 어렵게 될 무렵, 그러니까 넉 달쯤 지나 생각지도 않았던 생계 수단이 마련되었는데, 다름 아닌 한국의 중고등 유학생들의 하숙, 즉 홈스테이였다.

나와 아내는 전혀 몰랐는데, 남아공이 상당히 좋은 영어권 홈스테이 국가라는 것을 알고 있던 한국의 친척과 지인들로부터 자신의 자녀들을 맡아 달라는 부탁을 받기 시작한 것이다. 주로 나와 아내의 친척들이 많았는데, 우리 역시 친척들이니만큼 비교적 저렴한 비용으로 데리고 있으면서 아이들을 책임 있게 교육시키며 잘 키우고 싶은 마음이 컸다. 아이들은 몇 년간 우리 집에 있으면서 고생이 많았지만, 감사하게도 대체로 다들 잘 자라 지금은 한국과 남아공에서 대학들을 잘 다니고 있다.

무엇보다 하나님을 몰랐던 아이들이 이곳에 와서 예수님을 만나 신실한 신앙을 갖게 되었다는 것이 가장 감사한 일이었다. 이렇게 조카아이들은 우리 집에 양식을 보낸 하나님의 까마귀(왕상 17:4-6)이자 하나님이 예비하신 자비량의 수단이었다. 사역이 늘어나고 아이들이 모두 학교를 다니기 시작하자 여러 지출이 늘어나면서 경제적 고통은 계속 겪었지만, 홈스테이 자비량 수단이 아니었다면 우리는 남아공에서 버틸 수 없었을 것이다.

어쨌든 2005년 5월에 도착해서 영어 공부와 더불어 현지 적응을 시작한 뒤 11월부터 선임이 된 박진호 선교사와 함께 본격적으로 사역을 시작했다. 먼저 빈민촌에서 박진호 선교사를 도와 교회를 개척해서 4년 정도 빈민촌 목회를 했다. 아내는 박진호 선교사님의 사모님을 도와 그 교회 부설 유치원을 공동 운영했다. 재미있게도 그 유치원부터가 사실은 탁아소인지 유치원인지 분간이 안 가는 운영 체제였다. 대언의 기도대로였기에 나와 아내는 놀랐다.

박진호 선교사는 개척 후 얼마 지나지 않아 나미비아로 사역지를 이동했기에, 나는 단독으로 그 빈민촌 교회를 목회하게 되었다. 빈민촌 목회는 상당히 의미가 있었다. 특히 청소년과 청년들을 가르치는 데 집중했다. 어느 사회의 빈민촌과 다름없이 이곳도 술과 마약 그리고 최종적으로 에이즈라는 결과로 나타나고 마는 방탕한 삶이 지배하고 있었다. 청소년 아이들은 10대 초부터 이런 문화에 노출되기 시작해 급속도로 망가지기 시작한다. 초등학교까지는 깨끗한 눈망울에 영롱한 빛이 돌던 아이들이 중학생이 되면서부터는 순식간에 그 눈에 악한 기운이 돌며 달라지기 시작하는 것이다. 아프리카에서 초등부와 청소년 초기의 교육이 얼마나 중요한지 알게 하는 대목이다. 이것은 여타의 선교지도 마찬가지일 거라 생각된다.

한번은 사역 초기에 박진호 선교사와 가가호호 방문하며 마을을 전도하는데 바로 눈앞에서 청년 십여 명이 권총을 쏘아 대며 한 청년을 죽이려고 쫓아가는 것을 목격했다. 나는 잔뜩 몸을 웅크리고 숨을 죽인 채 그 장면을 지켜보았다. 마을 사람들이 혼비백산하는 가운데, 옆에 있던 꼬마 아이들은 청년들의 총질이 너무나 무서워 눈물을 터트렸다. 어느 날은 교회 바로 앞집에서 이웃 간 싸움 중에 권총을 빼들어 소동이 벌어지기도 했다. 실제로 총에 맞아 사람이 죽는 것이 빈번한 현실이었다. 나중에 알고 보니 좀 건달기가 있는 청년이나 남자들은 대부분 총을 지니고 다녔다. 이토록 무섭고 위험한 곳이 바로 나의 최초의 선교 사역지였던 것이다.

그 사역을 4년 동안 했는데, 빈민 지역의 사역이라 중요한 일이긴 했지만 시간이 갈수록 그런 방식의 목회가 나의 목회관 및 선교적 관점과 맞지 않아 힘들었다. 나의 목회적 사고로는 청계천에 들어가서 사셨던 김진홍 목사님처럼 그 동네에서 살면서 목회를 해야 진정한 빈민촌 목회이지, 교회는 현지인 전도사님에게 맡겨 놓고 나는 50킬로미터 거리에서 일주일에 두어 번 오는 출퇴근식 목회, 성도들이 내가 사는 집에 와볼 수 없는 이런 목회는 짝퉁이라는 생각이 든 것이다.

사실 내가 아는 한 대다수의 선교지 국가들에서도 수많은 선교사가 이런 방식의 목회를 하고 있는 실정이다. 그러나 나는 이런 방식이 동의가 되지 않았고 마음이 편하지 않았으며, 따라서 흥이 나지 않았다. 그렇다고 그 위험한 동네에 들어가 살 수는 없었다. 극히 드물게 현지 마을에 들어가서 사는 선교사님들이 없진 않지만, 극도로 위험한 것이 사실이다. 실제로 어떤 선교사님은 남아공에 처음 와서 순수한 열정을 품고 그 근처에서 살다가 얼마 지나지 않아 온 가족이 소나기가 내리는 한밤중에 떼강도를 만나 죽을 고비를 넘긴 적이 있다. 그 후 선교사님 가정은 즉시 프레토리아의 안전한 지역으로 이사했다.

더구나 주변에 이미 많은 현지인 교회가 있고 목회자들이 있는데, 선교사가 굳이 그들과 경쟁적 목회를 해야 하는지에 대해서도 많은 회의가 들었다. 선교사는 그들을 도우러 왔고 친구가 되러 왔지, 그들과 목회 경쟁을 하러 온 것이 아니기 때문이다. 이 일이 내 일이 아니라는 생각이 들며, 나는 하나님께 받은 첫 번째 사명인 신학교 사역 혹은 리더십 양육에 대한 갈망이 점점 커졌다. 나는 내가 직접 목회를 하는 것보다는 현지인들이 목회를 잘하고, 건강한 교회를 일으키게 하고, 또한 그들이 자신들의 힘으로 아프리카 대륙의 선교를 담당할 수 있도록 사람을 세우는 것이 옳다는 생각을 굳히게 되었다.

결국 나는 4년 만에 빈민촌 목회 사역을 중단하고, 신학교 사역에 본격적으로 전념하기 시작했다. 나미비아로 떠났던 박진호 선교사님의 조치로 그 교회는 그 마을의 현지인 목사에게 이양되었고, 잠시 남아공에 내려왔던 박 선교사님의 지도를 받은 후 그는 목회를 잘 감당했다. 다행히 그 이후 그 교회는 많이 부흥되어 결과적으로 하나님의 은혜로 모든 것이 합력하여 선을 이룬 셈이다.

에이즈 환자에게 올려진 '좋은 손'

당시 빈민촌 사역에서 가장 인상 깊었던 두 가지 경험은 앞서 말한 눈앞에 펼쳐진 빈민촌 마을 청년들의 총격전 사건과 두 명의 에이즈 환자가 나의 안수를 통해 회복된 일이었다. 선교지에서 선하신 하나님께서 나의 '좋은 손'(goodhand)을 통해 당신의 놀라운 일을 하신 것을 경험한 것이다. 나는 현지인 목회자의 권위를 세워 주기 위해 안수를 잘 안 하는 편인데, 하나님께서는 가끔 내 손을 통해 당신의 은혜를 베푸시곤 했다.

한번은 교회 근처에 사는 에이즈에 걸린 남자분을 잠시 동안이지만 나의 '좋은 손'의 안수를 통해 하나님께서 일으키셨다. 그의 이름은 싸이먼(Simon)이었다. 이미 에이즈란 병마와 투병 중이던 그는 내가 방문해서 안수를 하기 전 한 달 동안이나 심한 복통을 앓으며 침대에서 일어나지 못하던 상태였다. 그의 부인마저

거동이 불편해 집안은 온통 엉망인 채로 사방에 구더기가 바글대고 있고 도저히 견디기 어려운 악취마저 풍겨 났다.

그는 복통으로 인해 제대로 음식을 먹지도 못하는 상황이었다. 싸이먼을 본 순간 너무도 불쌍히 여기는 마음이 목구멍에서부터 솟구쳤다. 조용히 오른손을 그의 머리에 올렸다. 그리고 간절한 마음으로 하나님께서 이 고통을 헤아려 주시고 고쳐 주시기를 기도드렸다. 한국에 있을 때에도 여러 번 병 고침을 위해 안수 기도를 해보았으나 기도의 능력을 믿었음에도 고침 받은 사람은 좀체 없었기에 선교지에서도 솔직히 병 고침이 일어나리란 확신은 없었다. 그리고 더구나 대언의 기도를 통해 하나님께서 병 고침의 은사는 안 주시겠다고 하지 않았던가? 그러나 그 순간만큼은 하나님께서 융통성(?)을 발휘하셔서 그를 불쌍히 여기시고 내 손을 사용해 고쳐 주시기를 진심으로 기도했다.

그런데 다음 날인 주일이었다. 예배 전 잠시 교회 건너편 싸이먼의 집을 건네다 보니 놀랍게도 그가 천천히 마당을 걷고 있는 것이 보였다. 가까이 다가가 어찌된 일인지 물었다. 싸이먼이 대답했다.

"목사님께서 저에게 안수 기도를 해주시고 떠난 다음 이상하게도 저의 복통이 깨끗이 사라졌습니다. 그래서 침대에서 일어나게 되었습니다. 지금은 전혀 아프지 않아 오랜만에 이렇게 마당을 걷고 있습니다."

나는 내 손을 잠시 살펴보았다. 특별한 게 없이 똑같았다. 기도할 당시 아무런 느낌도 없었고 지금도 지극히 평범한 손일 뿐이었다. 그러나 나는 분명히 알게 되었다. 하나님께서 나의 손을 통해 일하셨고, 나의 손을 '좋은 손'으로 사용하셨다는 것을.

그러나 싸이먼은 그렇게 한동안 거동을 하더니 두 달 후에는 다시 침대에 완전히 몸져누웠다. 에이즈로 생명이 끝날 시기가 되었기 때문이다. 하나님께서는 그에게 세상을 떠나기 전 나를 통해 잠시나마 창자가 끊길 듯한 복통으로부터 해방되는 '자유함'과 '치유'의 은혜를 주셨던 것이다. 병원으로 실려 간 싸이먼은 죽기 직전 몸 안의 수분이 증발하여 앙상한 뼈 가죽만 남은 처참한 몰골이 되었다. 모든 혈관마저 가늘게 말라 링겔 주사를 꽂을 수조차 없는 상태까지 되었다. 이것은 에이즈 말기 환자의 전형적 증상 중 하나다.

그러나 싸이먼은 죽기 이틀 전 보았을 때도 환한 미소를 잃지 않았다. 그에게 뭐가 먹고 싶으냐고 물으니 콜라를 먹고 싶다 해서 병원 매점에서 사다 주었다. 그러나 겨우 한두 모금 정도를 입술에 적시며 먹을 수 있었는데, 그것이 그의 마지막 음식이 되었다. 더불어 그날 기도가 그를 위한 마지막 기도가 되었다.

아프리카의 이단성 교회인 ZCC(Zion Christian Church) 교단에 속했던 그에게 죽기 전 예수님과 천국에 대해 이야기해 주었다. 그는 평온한 모습으로 마지막 복음의 말씀을 받았다. 그의 환한 얼굴로 보아 나는 그의 영혼을 하나님께서 받으셨다고 믿는다. 나는 그의 장례를 치를 때에 모든 동네 사람들에게 싸이먼이 하늘에서 지금 편히 쉬며 기쁘게 웃고 있다고 힘주어 말했다. 지금도 그 앙상한 얼굴의 환한 미소가 잊히지 않는다. 싸이먼은 그렇게 평온히 천국으로 갔다.

또 한 번은 하나님께서 동네의 촌장(chief)을 나의 손을 통해 일으키신 일이다. 이름이 루카스(Lucas)인 그는 마을 대표인 촌장이면서도 온갖 망나니짓을 하고 다녔다. 남아공 정치의 후진적인 심각한 문제다. 사실상의 일당 독재를 하는 ANC 정당이 뇌물을 받아먹고 자격이 안 되는 사람들을 각 지역의 대표로 임명해 생긴 일인 것이다.

하루는 우리가 운영하는 교회 유치원에 그가 찾아와 30분간 난동을 부리기도 했다. 교회 유치원 선생님 한 분을 좋아한다며 자기와 함께 잠을 자자는 것이다. 아이들이 모두 보는 앞에서 악을 쓰며 그런 행동을 한다는 것은 도무지 상상하기 어려운데, 그는 상식을 벗어난 패륜적 행동을 일삼는 자였다. 그는 난잡한 행동을 하며 동네에 많은 패악을 끼치더니 결국은 에이즈에 걸려 침대에 눕게 되었다. 놀라운 것은 그가 또한 아프리카 어느 흑인 교파의 목사라는 사실이다. 에이즈로 죽은 목사를 여러 명 보았기 때문에, 남아공의 영적 상황을 다시 한 번 절감할 수 있었다.

아무튼 루카스는 에이즈에 걸려 몇 가지 합병증에 시달리면서 죽을 날만을 기다렸다. 그러던 어느 날 가족들로부터 나에게 심방 요청이 들어와 방문을 하게 되었다. 나는 영양제 한 병과 고기 한 근을 사들고 방문하여 하나님의 말씀으로 위로하고 소망을 품도록 기도해 주었다. 그 후 일주일에 한 번씩 정기적으로 그를 문병하여 기도해 주기 시작했다. 그러나 그는 살이 다 빠진 앙상한 몰골이 되어 이미 늦었다는 것이 확연해 보였다. 나는 그가 먹고 싶어 하는 것을 다 사주었다. 생선도 구해 주고, 닭고기도 사주고, 좋아하는 과자와 음료수도 사 들고 갔다. 그러나 그는 거의 먹지 못했다.

그는 날이 갈수록 급속히 쇠약해지면서 여느 에이즈 환자와 마찬가지로 온몸의 살이 다 말라붙어 이제 뼈와 가죽만 남는 상황에 이르렀다. 더 이상 희망이 없었다. 초점 잃은 눈만 깜박거리며 미동도 없이 누운 채 조그만 과자 부스러기 하나도 씹지 못할 정도였고 물도 흘려 마시며 생명을 연장하는 상태였다. 이미 식구들도 모두 포기했고 이제 장례 절차를 이야기하는 상황이었다. 그럼에도 나는 매주 그를 방문하여 성경을 읽고 위로와 천국 소망의 말씀을 계속 들려주고 기도해 주었다. 더불어 하나님께서 원하시면 살려 달라는 기도를 한 번도 빠뜨리지 않았다. 그는 툭 불거진 커다란 눈망울로 나를 쳐다보며 힘없는 고갯짓으로 '아멘' 하며 말씀을 받곤 했다.

그런데 기적이 일어났다. 계속된 기도 속에 어느 순간부터 마치 에스겔의 마른 뼈 골짜기의 뼈들처럼 그의 거칠게 말라붙은 가죽에 살이 붙고 생기가 돌더니 믿을 수 없게도 그가 치유된 것이다. 장례를 앞두었던 몰골의 그가 한 달, 두 달이 지나더니 온몸이 예전처럼 살이 오르고 동네를 활보하고 다니기 시작했다. 온 동네 사람들이 그의 회생을 믿지 못했다.

나는 그가 회생한 그 어떤 다른 이유도 찾을 수가 없었다. 오직 기도를 통한 하나님의 능력 외에는. 그는 치료를 위해 모든 방법을 다 동원했다. 지역 유지였기 때문에 많은 돈을 들여 좋은 병원은 물론 최신 개발된 최고의 에이즈 약을 처방해서 복용했으며, 용하다는 무당들은 모두 찾아다니고, 그러다 심지어 딸과 함께 목욕한 뒤 그 물을 마시고 그 물로 씻으면 치료된다는 무당의 처방을 따르기도 했다. 딸아이는 우리 교회 청년부 학생이었는데, 나에게 찾아와 아버지가 자신과의 목욕을 강요한다고 울면서 하소연했다.

그럼에도 백약이 무효해서 결국 루카스는 모든 생명의 기운이 말라 힘없이 바람에 날려 갈 겨와 같은 운명이 되고 만 것이었다. 나는 말기암 환자나 곧 생명이 꺼져 가는 사람들의 마지막 쇠약한 몸을 몇 번 본 적이 있었으나, 그렇게 앙상한 뼈만 남은 처참한 몰골은 지금까지도 본 적이 없다. 가죽을 입혀 놓은 숨 쉬는 해골이라 생각하면 정확하다. 그러나 하나님께서 오직 그분의 능력으로 그 죽은 자를 일으키신 것이다. 우리 교회에서 찬양 봉사를 하는 그의 딸이 내게 찾아와 말했다.

"목사님의 기도가 우리 아빠를 살렸어요."

"아니야, 하나님이 살려 주신 거야."

나는 믿는다. 하나님께서 나의 손을 '좋은 손'으로 사용하셨다는 것을. 내 손이 그분의 치료의 통로가 되었다는 사실을.

그러나 안타깝게도 루카스는 병고침을 받은 지 얼마 후 그 은혜를 완전히 망각하고 다시 옛 생활로 돌아갔다. 그는 촌장 직을 마치고 멀리 외지로 홀로 떠나 거기서 둘째 부인을 얻어 여전히 망나니로 살며 고향에 있는 가족들은 제대로 돌보지 않고 있다고 한다. 그러나 한 가지 분명한 사실은 그가 그토록 큰 은혜를 땅에 다 쏟아 내버리고 하나님의 치유의 기적을 다 망각했다 해도 그 절체절명의 순간에서만큼은 하나님이 그를 다시 살려 주셨다는 것이다.

은혜를 받은 두 사람이 너무도 극명히 대조된다. 한 에이즈 환자는 고통스러운 복통으로부터 잠시 일으킴을 받는 은혜를 누리고 두 달 후에 평온히 하늘나라로 갔다. 그러나 다른 한 환자는 사망에서 완전히 일으킴을 받았음에도 너무도 빨리 은혜를 망각한 채 다시 옛 생활로 돌아가 버리고 말았다. 사람이 그 은혜를 내던지든 간직하든 하나님은 여전히 은혜를 주시고 일하고 계신다. 그러나 은혜를 받은 후에 그것을 간직할 책임은 이제 그 사람에게 있는 것이다.

냄새나는 예수

얼마 지나지 않아, 나와 아내는 빈민촌 사역과 노숙자 예배 사역으로 섬길 기회가 생겼다. 이 사역에서 내가 처음에 어려웠던 것은 그들의 몸에서 나는 악취였다. 흔히 어느 나라든 빈민촌 사람들은 잘 씻지 못하기에 몸에서 악취가 많이 난다. 노숙자들은 말할 것도 없다. 이곳 아프리카의 경우 시골 사람들도 상황은 비슷하다. 몸에서 냄새가 많이 나는 것이다.

나는 노숙자들과 예배를 드리기 전에 그들을 만나기 위해 숲 속 여기저기 나무 밑과 바위틈의 그들의 숙소를 둘러보곤 했다. 아침 인사를 하며 악수도 하고 껴안기도 하고 짧게 얘기도 하면서 예배에 초청한다. 자연스럽게 땀 냄새, 입 냄새, 술 냄새, 여러 가지 지독한 냄새들이 코끝의 신경을 건드린다. 하지만 나는 그들의 친구가 되어야 하니 표를 내지 않으며 스킨십을 시도한다. 미소를 지으며 마음속으로는 계속 그들을 위해 기도하는 것이다.

한번은 예배 시간에 어떤 청년이 앞에 나와 간증을 하게 되었는데, 그 악취가 얼마나 심한지 정말 난생처음 사람의 악취로 인해 구토가 나오려는 것을 겨우 참았다. 사람 냄새가 구토를 일으킬 수 있다는 것을 그날 처음 깨달았다. 배가 꿈틀거리며 '욱' 하고 구역질이 나려는 것을 힘겹게 입과 코의 숨을 조절하여 견뎠는데, 만일 구토하면 그에게 큰 상처를 줄 것이 분명하니 기필코 참아 내야 했다.

그런데 그날 그 경험으로 인해 나는 우리의 주님이신 예수님의 삶에 대해 다시 한 번 깊이 묵상해 볼 수 있었다. 단 한 번도 생각해 본 적 없었던 예수님의 새로운 측면이었다. 다름 아닌 '냄새 나는 예수님', 더 심하게는 '악취 나는 예수님'에 대한 생각이었다.

우리는 늘 예수님을 고결하고 청아하고 산뜻한 향기 나는 분으로 그린다. 그러나 때로 예수님은 그렇지 않았을 것이다. 복음서를 보면 예수님은 부자와도 친구셨지만, 주로 가난한 자들의 친구셨다. 온 세상의 주인이셨던 그분은 날 때부터 마구간의 구유라는 초라한 자리에 누우셨고, 생애 동안 낮고 비천한 사람들과 어울림으로써 '죄인들의 친구'라는 별명을 얻으셨던 것이다. 즉, 예수님은 당신의 생애 동안 소외 받던 세리들과 죄인들 그리고 길거리 사람들과 많은 시간을 보내셨다. 그런 사람들은 예나 지금이나 몸에서 심한 냄새가 나는 법이니 예수님께서 함께 어울리신 그 사람들도 마찬가지였을 것이다.

　나는 주일 예배나 특별한 일을 위해 잠시 그들을 만나고 돌아오지만, 예수님은 늘 그들과 친구가 되어 함께 지내며 사셨다. 그리고 늘 먼지투성이의 신발을 신고 온 사방을 돌아다니며 사역하셨다. 문득 이런 생각이 떠올랐다. 분명히 예수님 몸에서도 자주 냄새가 나고 악취가 났을 것이다. 어떤 사이비 교주들과 종교 지도자들이 최고급의 화려한 옷을 입고 긴 리무진이나 스포츠카를 타고 다니며 스스로 왕이나 메시야로 군림하는 것과 얼마나 대조가 되는 것인가! 오늘 우리 목회자들도 행여 그런 호화롭고 사치스러운 생활을 추구하지는 않는지 생각해 볼 일이다. 우리는 그리스도인으로서 예수님의 삶을 본받아야 할 것이다.

　가난한 자들의 틈에서 어쩌면 냄새가 나고 악취가 풍겼을 예수님…. 나는 얼마나 이 땅의 가난하고 소외된 자들을 위한 삶을 살고 있고, 나의 것을 얼마나 그들과 나누고 있는가. 지구상의 인구 50퍼센트는 하루 2달러 미만으로 살고 있고, 20퍼센트는 하루 1달러 미만으로 버티며 사는 절대 빈곤층이다. 아스피린 한 알이 없어 죽어 가는 아이들도 허다하다. 외식 한 번만 덜하고, 여행 한 번만 덜 가고, 사고 싶었던 물건 가끔 포기하고, 그 대신 그 소중한 돈을 가난한 자들을 위해 사용함으로써 우리도 가끔은 그들의 친구가 되어야 하지 않겠는가?

　구제와 자선으로 인간을 구원할 수 없으나, 예수 그리스도의 복음은 인간의 빵의 문제를 외면하지 않으셨다. '냄새나는 예수님'이 기다리고 계신다. 세상은 나누고 더불어 살아야 모두가 행복해지지 않겠는가?

ABBA 공동 사역

앞서 이야기한 대로 나는 신학교와 리더십 양육에 대한 갈망이 점점 커졌는데 아직 선교 초년병에 불과했다. 신학교 사역은 현지인 목회자들의 인맥과 관계망이 가장 중요한데, 아무것도 모르는 나로서는 뭘 진행할 수가 없었다. 그래서 나는 선배 선교사님들에게 사람을 세우는 목회자 훈련을 시작해 달라고 조르기 시작했다. 이미 오래전부터 같은 뜻을 품어 왔던 선배 선교사님 두 분이 있었다. 나이는 나보다 한 살 아래지만 선교사로서 한참 선배이신 송진영 선교사님(대신교단, 외항선교회)와 앞서 말한 선임인 박진호 선교사님(합동교단, GMS)이었다.

우리 셋은 생각과 목표가 일치했다. 그러나 두 선배 선교사님은 아직 때가 아니라고 망설였다. 이유가 있었다. 내가 오기 불과 1~2년 전에 프레토리아 지역의 한인 선교사들이 큰 꿈을 품고,

한국의 기독 언론에도 크게 소개된 거창한 연합 사역을 출범시켰으나, 불과 2년도 못 가 큰 후유증과 상처를 남기고 해체된 것이다. 따라서 선교사들이 다시 연합 사역을 시도한다는 것은 시기상조였고, 이미 부끄러운 모습을 보인 선교사들의 또 한 번의 이런 움직임은 자칫 한인 사회의 웃음거리가 될 수 있었다. 나는 한국에서 10년간 총신신대원을 비롯해 여러 학교에서 가르치다 왔고, 무엇보다 총신대학교 언어연구소의 책임 간사로 일할 때 자체 커리큘럼을 만들어 운영해 봤기에, 두 선배 선교사님들은 가능하면 빨리 그런 나의 재능을 선교지에 적용시키고 싶어 했다. 그러나 우리는 좀더 기다려야 했다.

그러다 남아공에 간 지 3년째 되던 해인 2007년 7월, 그동안 기도로 준비하던 우리 세 사람은 시기가 되었다는 판단하에 송진영 선교사님의 제안으로 드디어 첫 번째 모임을 가졌다. 우리는 학교 이름을 ABBA(Africa Bible Based Academy)로 지었다. 유대인들이 하나님을 '아버지'로 부를 때 사용한 아람어 '아빠'(abba)와 같은 철자였기에 매우 큰 의미가 있었다.

일종의 성경학교이자 신학교인 'ABBA 아카데미'는 현지인 목회자 재교육, 목회자 후보생 양성 그리고 현지인 지도자 교육이라는 세 줄기의 목표를 가지고 시작되었다. 간단히 말하면, 현지인 리더십 양육인 것이다. 나는 이 사역을 시작할 때 송진영 선교사에게 이렇게 기도하자고 말했다.

"이 사역이 100년 사역, 아니 예수님 오실 때까지 계속되는 사역이 되는 것을 목표로 합시다. 중간에 포기하는 법 없습니다!"

2007년 1년여 준비 후, 2008년 1월에 시작되어 2014년 현재 8년째가 된 이 사역은 선교사 12명과 유학생 목사 5명, 총 17명의 공동 사역자들이 함께 세워 나가는 큰 규모의 사역으로 발전하였다. 학생 수는 2014년 현재 칼리지 과정 재학생은 10개 캠퍼스에 약 160명, 상위 과정인 디플로마 과정에 20명, 잠시 휴학 중인 학생을 포함하면 총 200명가량이다.

내가 형님처럼 따르는 한국의 어떤 목사님은 이 사역을 초기부터 잘 알고 있었다. 내가 한국을 방문했을 때 어느 날 그분이 이런 말씀을 하셨다.

"십수 명의 한국인 선교사 목사들이 공동 사역을 한다는 것은 그야말로 기적이다. 사실은 이건 불가능한 일이다."

사실 하나님께서 하시는 일은 기적 아닌 것이 없다. 어쨌든 이 불가능해 보이는 일을 ABBA 공동 사역자들은 해냈다. 내가 봐도 정말 대단한 분들이 아닐 수 없다. 도대체 어떻게 이 일이 가능했을까. 거기에는 몇 가지 이유가 있다. 나는 ABBA의 설립자와 운영자의 한 명이었기에, 이 사역의 성공 비결을 나름대로 정리해 볼 수 있었다. 그 비결을 여타의 선교지에서 사역하시는 선교사님들 및 한국의 목회자들과 함께 나누고 싶다.

ABBA는 이동 신학교(mobile school)다. 즉 찾아가서 가르치는 방식으로 운영되는 학교다. 따라서 아무런 자체 건물이 없다. 그리고 전혀 학비를 받지 않고, 책값만 2년간 10만 원 정도를 받을 뿐이다. 사실은 이 돈도 졸업식 때 모두 선물로 되돌아간다. 건물이 없이 지역의 교회를 강의 장소로 사용하는 신학교라 한계와 단점도 있지만, 여러 가지 이점이 있다.

통상적으로 매주 1, 2회 수업하여 짧게는 1년, 길게는 3년을 공부한다. 이중 디플로마 과정은 칼리지 과정의 졸업생들에게 입학 자격이 주어진다. 지금까지 다섯 번의 졸업식을 가져 총 200여 명의 학생이 배출되었고, 그중 20여 명이 계속해서 디플로마 과정을 밟고 있는 것이다.

나는 초보 선교사였기 때문에 이 학교의 설립 과정에서 선배 선교사님인 송진영, 박진호 두 분이 모든 인맥과 관계망을 총동원해 학생들을 모집하는 데 큰 역할을 했다. 특히 송진영 선교사님은 초대 학장에 선임되어 학생 모집과 협력 선교사들과 한인 유학생 목회자들을 섭외하는 과정에서 지대한 역할을 했다. 나는 총신대학교 언어연구소에서 책임간사로 근무한 경험을 살려 행정 총무로서 커리큘럼과 학교의 시스템을 정비하는 일을 맡았다. 최초 여덟 명의 한인 선교사와 유학생으로 구성된 강의자들이 세워졌고, 커리큘럼이 안정화되고, 정비된 시스템이 제대로 가동되는 가운데 공동 사역자들의 전공별 훌륭한 강의로 ABBA 사역은 생각보다 어렵지 않게 순항하기 시작했다.

그러나 얼마 후 학교의 두 축을 형성하던 두 선배 선교사님이 강한 성령의 부르심을 따라 사역 국가를 옮겨 남아공을 떠나셔야 하는 상황이 발생했다. 송진영 선교사님은 ABBA 출범 불과 1년 후 안식년을 떠나게 되었고, 안식년 기간 미국에 있을 때 성령께서 직접 환상을 통해 짐바브웨로 부르셔서 남아공으로 복귀 한 뒤 얼마 지나지 않아 가족과 함께 그곳으로 옮겨 가셨다. 송 선교사님은 그곳에서도 두 명이 팀을 이뤄 '짐바브웨 ABBA'를 시작하여 지도자 양육 사역을 하고 계신다. 그리고 박진호 선교사님 또한 오래전부터 성령께서 꿈꾸게 하신 나미비아의 힘바(Himba) 원주민 선교를 위해 국경을 넘어 나미비아로 옮겨 가셨다.

결국 갓 태어나 정착도 되지 않은 ABBA를 끌어 갈 사람은 나 혼자만 남게 되었다. 특히 강한 추진력으로 중추적 역할을 했던 송 선교사님의 갑작스런 사역지 이동으로 인해 아직 언어도 원활치 않았던 나는 크게 당혹스러웠다. 나는 자연히 추후 몇 년간 ABBA 운영의 총책임을 져야 했다. 그런데 이것은 공동 사역이기에 다른 분들의 협력 없이는 결코 세워 나갈 수 없었다. 또한 이 사역이 100년이 가는 공동 사역이 되려면, 중대한 전략과 시스템의 정비가 필요했다. 남은 공동 사역자들은 함께 지혜를 모으고, 하나님께서 몇 가지 아이디어를 주셔서 적절한 전략을 마련할 수 있게 되었다. 나는 이것이 현재의 ABBA가 있게 한 중대한 비결이라 생각한다.

공동 사역의 비결

ABBA는 세계 어느 한인 선교사들의 사역지에서도 찾아보기 힘든 사역 모델인 것은 사실이다. 그래서인지 그동안 많은 사람들이 어떻게 ABBA 공동 사역이 가능했는지 물어 왔다. 선교사는 개성이 무척 강하고 주관이 뚜렷한 분들이다. 따라서 선교사들이 함께 공동 사역을 진행한다는 것은 사실 매우 어려운 일이다.

한두 명과의 공동 사역도 어려운 법인데, 10명을 넘어 한때 17명에 이르는 선교사와 목회자가 공동 사역을 하는 그런 사례는 찾아보기 어려울 것이라 생각한다. 왜냐하면, 이것은 어느 큰 신학교 산하에 교수 요원이 20명쯤 있는 것과는 전혀 다른 방식의 신학교 사역으로서 전적인 수평적 관계의 공동 살림 체제이기 때문이다.

오늘의 ABBA가 있기까지는 여러 선교사님들의 열정의 헌신이 있었다. 나 한 사람만의 노력으로는 결코 이루어질 수가 없는 일이다. 즉 ABBA 사역은 공동 사역자 모두의 합작품이다. 또한 어떤 지역의 선교사님들은 독자적으로 강의 사역을 해오다가 ABBA에 합류하여 더 효과적인 사역이 되도록 전환시키기도 하셨다. 이때 그분의 캠퍼스의 자율성이 전적으로 보장되는 서로 대등한 관계의 협력 사역이 된다. 예컨대 2014년도의 ABBA 학장으로 수고하시는 양승록 선교사님은 우리와는 상당히 먼 곳에서 사역하시는데, ABBA가 태동한 지 얼마 지나지 않아 곧 자신의 성경학교를 ABBA와 연결시키며 동역을 시작했다. 따라서 양 선교사님은 사실상의 원년 설립자나 다름없는 셈이다. 이와 같이 ABBA는 피라미드형의 특정한 일인 지배 체제가 아닌 원형의 수평적 공조 체제다.

물론 모든 공동 사역자가 정기적으로 강의를 하는 것은 아니고 두어 분은 일 년 서너 차례의 정기 세미나에서만 강의를 진행하는 '협력회원' 수준이다. 그럼에도 서로의 관계는 다른 강의자들과 마찬가지로 매우 끈끈하다. 이런 공동 사역이 가능하게 된 비결은 다음과 같다.

첫째, 앞서 말한 '수평적 시스템'에 그 비결이 있다.

이것은 ABBA의 공동 사역을 가능하게 만든 가장 중요한 요소였다고 말할 수 있다. ABBA는 특정인 한 사람이 정점에 있는 피라미드형 지배 구조가 아니다. 세 사람의 설립자와 초대 공동 사역자들이 있으나 누구도 자신을 설립과 학교 발전의 독보적인 주체로 말하지 않는다. 사실은 한국인 선교사들에게는 이 부분이 가장 어려운 문제라 할 수 있다. 그러나 공동 사역은 설립의 주체인 사람들이 마음을 비우고 서로를 진심으로 존경하고 세워 주지 않는다면, 시작부터 어렵게 될 것이다.

수직적 시스템은 진정한 의미의 공동 사역을 불가능하게 만든다. 누군가 조직에 들어온다 해도 선교사는 궁극에는 자신의 고유한 사역을 하길 원하기 때문에 오래 몸담지 못하게 되며, 결국 그 사람이 떠난 뒤, 그 공백은 계속 새로운 사람으로 순환적으로 채워진다.

사실 이 시스템 구비를 위해 나 또한 과감히 모든 기득권을 내던졌다. 그리하여 현재 ABBA는 윤번제 학장제로 선교사들이 1년 내지 2년의 임기로 섬기고 있다. 행정직도 2년 정도의 주기로 변화를 주고, 무엇보다 중요한 것은 선교사들이 각 지역 캠퍼스의 교장직을 각자 맡아서 책임을 지는 시스템이 구축되었다는 점이다. 학장이 아니더라도 교장이라는 중책을 지니고 있기에, 결속력이 생길 수밖에 없는 것이다.

둘째, '느슨한 연합 사역'이다.

ABBA는 지도자 훈련이라는 공동 목표를 가진 사람들의 '느슨한 연합 사역'이다. 사실 선교사들에게 무엇이 자신의 가장 중요한 사역이냐고 물으면, 열에 아홉은 리더십 양육, 즉 지도자를 키우는 것이라고 답변한다. 그 뜻을 품는 분들이 ABBA에서 이 사역을 함께하는 것이다.

그런데 ABBA 선교사님들 대다수는 각자의 다양한 독자적 사역이 별도로 있다. 즉 ABBA를 위해서만 풀타임 사역을 하는 선교사들은 거의 없다는 이야기다. 나의 경우도 빈민촌 사역과 노숙자 사역 그리고 아내의 유치원 지원 연합 사역(20개 유치원)이 별도로 진행되고 있었다. 물론 ABBA가 나의 주된 사역이긴 하지만 말이다.

다른 분들도 다들 각자의 주된 사역을 진행하는 가운데, 시간을 내서 ABBA 사역을 하고 있다. 그로 인해 ABBA는 상당히 헐거운 연합체가 될 수밖에 없으며, 역설적으로 이것이 오히려 공동 사역이 꾸준히 유지되어 온 비결이었다. 다수가 오직 이 사역에만 집중했다면, 각자 이해관계가 충돌하고 사안에 따른 견해 차이로 공동 사역이 지속되기에는 상당한 어려움이 있었을 것이다.

헐거운 연합체는 물렁한 고무공과 같다. 단단한 구체는 깨지기 쉬운데, 물렁한 고무공은 강한 충격도 쉽게 흡수하면서 쉽게 원상 복구한다. 이런 시스템에서는 한 사역자가 무슨 사정이 생길 경우 마치 고무공처럼 다른 동역자들이 그 공백을 쉽게 메울 수 있다. 이것이 바로 느슨한 공동 사역의 큰 장점이라 할 수 있다.

셋째, 동역자들 각자가 '장'이 되는 시스템이다.

ABBA가 이 수평적 시스템을 적극 도입하게 된 이유가 또 있었다. 대부분의 선교사는 기질상 각자 '장'이 되고 싶어 하는 마음이 있고, 특히 외부의 기대에 의해 '장'이 될 것을 요구받는다. 다시 말해, 선교사는 어떤 일을 자신이 주도하여 업적을 남기고 싶어 하는 경향이 크며, 또한 본국에 다름 아닌 바로 '자신의' 선교 사역의 열매를 보고해야만 한다. 또한 다른 사람 밑에서 뒤치다꺼리를 하고 있는 선교사를 좋아할 한국의 파송 교회는 별로 없다. 그것은 많은 후원 교회나 후원자들도 마찬가지일 것이다. 자신이 후원하는 선교사가 주도해서 이런저런 열매, 즉 그분의 노력의 열매를 맺는 모습을 보고 싶어 하는 것이다.

이렇듯 선교사는 어찌되었든 '을'보다는 '갑'이 되길 요구받는다. 바로 이 요구가 ABBA의 시스템에서는 채워진다. 세미나 강사를 제외하곤 정규 강의자인 선교사들 대부분은 각 지역 캠퍼스의 교장이다. 교장직은 원칙적으로 자신의 책임과 관할하에 자율권을 가지고 그 캠퍼스를 운영하기에 한국 교회와 후원자들에게는 자신의 선교 사역으로 알릴 수 있게 된다. 그리고 캠퍼스 교장들이 몇 년 주기로 윤번제로 학장직을 수행해야 한다. 학장은 임기 동안 중책의 짐을 떠맡게 되는데 모금을 책임지고 캠퍼스를 개척하고 대외 활동과 더불어 모든 연중행사를 총괄해야 한다. 이런 이유로 이 시스템에서는 선교사의 '장' 역할에 대한 필요가 채워지고, 후원자들도 자신이 후원하는 선교사의 사역을 힘껏 도울 수 있게 된다.

넷째, 돈이 안 드는 사역이다.

사실 공동 사역의 실패의 원인은 딱 두 가지로 요약될 수 있다. 첫째, 헤게모니 다툼이다. 그 사역을 서로 주도하려는 욕심인 것이다. 둘째는 바로 '돈'이다. 첫 번째 문제는 원형의 수평적 체제로 해결될 수 있다. 다음은 '돈'의 문제인데, 예외적인 경우가 있겠으나 돈이 많이 들어가는 사역은 사실상 공동 사역을 거의 불가능하게 만든다. 사실 돈의 문제라 함은 다름 아닌 선교지의 '건물'과 관련된 문제이다.

ABBA는 그동안 건물을 살 돈이 들어가지 않았고, 따라서 건물 운영비도 필요하지 않았다. 그러나 만일 공동 사역자들이 한국에서 돈을 함께 모아서 어떤 건물을 짓거나 구입했다면, 누가 얼마 냈니, 더 냈니 덜 냈니 하면서 갈등은 필연적이 되었을 것이다. 조금이라도 더 많이 낸 사람은 주인 노릇을 더 많이 하려고 할 우려가 있다. 이것이 인간의 본능이기 때문이다. 또한 그 건물을 후원한 한국의 교회들이나 단체, 혹은 개인들도 서로 더 강한 주인 의식을 가지고 영향력을 발휘하려 했을 것이다. 이것이 얼마나 큰 갈등의 소지가 있는지, 그리고 결국은 왜 그것이 파국의 원인이 되고 마는지 나는 많은 사례를 통해서 잘 안다.

ABBA는 건물이 없는 '이동 신학교'다. 각 캠퍼스는 허름하긴 하지만, 각 지역 교회의 건물을 허락을 받고 무료로 사용하고 있다. 깡통 건물도 있고 벽돌 건물도 있으나 대체로 허름하다. 또한 학교 운영에 드는 비용도 매우 적은데, 200명의 학생을 가르치고 학교를 운영하는 데 드는 비용이 매년 불과 1,500만 원 정도밖에 되지 않는다. 물론 차량 유류비 등 보이지 않는 비용을 감안하면 그보다 훨씬 많은 경비가 들지만, 공식적 행사와 운영에 드는 예산이 그러하다. 그럼에도 불구하고 많은 선교 사역이 단 한 번의 행사로 이 정도의 액수는 쉽게 소비된다는 것을 감안할 때, 이것은 대단히 적은 비용이다.

학비를 전혀 받지 않아도 이 경비는 선교사들이 여럿이라 쉽게 채워진다. 1년에 몇 가지 주요 행사들이 있다. 체육 대회, 설교 대회, 예배 갱신 세미나, 어린이 사역 세미나, 오리엔테이션 1박 수련회, 성경 통독 캠프 등등. 이런 행사들을 할 때는 점심 식비와 상품 및 선물비로 돈이 조금씩 들어간다. 한 번 행사에 5~6천 랜드(rand), 한화로 치면 60~70만 원 정도다.

이 행사들 중에 졸업식 경비가 가장 많이 드는데, 1년 총 예산의 거의 3분의 1을 차지한다. 이때는 졸업생들에게 자신의 졸업 사진이 새겨진 목걸이와 큰 사이즈의 《NIV 스터디 바이블》을 사 주기 때문이다. 특히 성경 선물은 매우 중요하다. 현지 목회자들과 교회 지도자들은 주석이나 신학 서적 그리고 다른 책들이 없기에 NIV 스터디 바이블은 목회에 큰 도움이 된다. 또한 칼리지 과정 졸업 후의 연장 교육인 디플로마 과정에서는 이 성경이 주 교재로 쓰인다. 현재 이 성경 선물 경비는 이곳 프레토리아와 요하네스버

그의 한인 교회들과 일부 교민들이 적극 후원을 해주셔서 다 채워지고 있다. 정말 감사한 일이 아닐 수 없다. 이런 풍성한 선물과 더불어 졸업식은 그야말로 감동적으로 진행된다.

다섯째, 갈등이 있을 때 의견 조율을 해나갈 수 있는 성숙함이다.

ABBA라고 왜 내부의 의견 충돌이 없겠는가. 멤버가 십수 명이 넘는데 충돌이 없다면 오히려 이상한 것이다. 때론 심각한 의견 대립도 생기곤 한다. 그로 인해 ABBA를 떠난 분들이 없던 것도 아니다. 그러나 감사하게도 함께 사역하는 분들은 이 문제에서 대부분 성숙한 태도를 견지하고 있다. 모두들 의견 조율 능력이 탁월하시다. 이것이 아니었다면, 지금의 공동 사역의 열매는 불가능했을 것이며, ABBA는 진작 공중 분해되고 사라졌을 것이다.

이와 같은 몇 가지 중대한 원리와 비결을 토대로, ABBA는 한두 번의 고비가 있긴 했지만, 지금까지 잘 운영되어 현재 안정적으로 정착되었다. 물론 이 배후에는 하나님이 계셨다. 하나님이 아니셨다면 ABBA는 이와 같은 사역으로 성장하지 못했을 것이다. 모든 것을 하나님이 하셨다는 말은 언제나 우리의 겸손한 고백이어야 한다.

2014년도에 ABBA는 새로운 프로그램을 시작했다. 앞서 말한 ABBA 디플로마 과정이다. 졸업생들에게 입학 자격이 주어지는 2년 과정의 대학원인 셈인데, 매년 이 디플로마 과정에는 20여

명의 학생들이 입학하여 공부할 예정이고, 현재 첫 신입생 20명을 대상으로 교육이 진행되고 있다. 시험을 통해 선발되는데, 앞으로 이들 중에서 지도력, 영성, 인품, 지적 능력 등을 잘 갖춘 사람들이 ABBA의 지역 협력 강의자로 세워질 예정이다. 현지인들이 이제 드디어 우리 사역의 동역자요 협력자가 되는 것이다. 따라서 이 프로그램이야말로 진정한 ABBA의 수고의 결실이라 할 수 있다. 이렇게 ABBA는 100년 사역을 향해 전진해 나아가고 있다.

나의 신대원 은사님 한 분이 2013년도 12월 남아공 방문길에 더불어 ABBA 졸업식의 주 설교자로 초청되셨다. 교수님께서 감동적인 ABBA 졸업식 광경과 많은 선교사들과 목회자들이 함께 동역하는 모습을 친히 보시고 이렇게 말씀하셨다.

"한국에서 선교편지를 통해 듣고 예상했던 것을 훨씬 뛰어넘은 대단한 사역을 하고 있습니다. 그야말로 큰 전율을 느꼈습니다. 너무나 아름다운 사역입니다. 선교 동역이 너무 감동적입니다."

실제로 ABBA의 공동 사역 선교사님들과 유학생 목회자들은 이런 말을 듣기에 부족함이 없을 만큼, 모두가 학생들을 가르치고 섬기는 데 헌신적이고 열정적이시다. 얼마나 뜨거운지 강의실이 자주 불바다가 되곤 한다. 나는 이렇게 좋으신 여러 ABBA 동역자들과 한 가족으로 함께 일하고 섬기는 것이 얼마나 감사하고 행복한지 모른다. 학생들의 열기도 뜨겁다. 두 시간 반을 걸어

오는 학생이 있는가 하면, 강의에 감사하여 캠퍼스별로 강의자들에게 적지 않은 헌금이나 선물로 은혜 받은 마음을 표시하거나 또는 학생 개인이 선교 헌금을 하는 경우도 종종 있다. 이럴 때 받는 감동은 무엇과도 비교할 수 없을 만큼 크다.

ABBA의 저비용 고효율의 선교 정책과 관련하여 더 말할 것이 있다. 많은 사람들이 선교는 많은 돈을 들여야 하는 것으로 생각한다. 그러나 결코 그렇지 않다. 한국 교회는 이런 사고방식에서 벗어나야 한다. 무엇보다 '선교는 건축이다'(선교=건축)라는 사고와 도식을 버려야 한다. 과중한 선교비는 많은 경우 건물 때문이다. 그러나 건물은 나중에 필요할 때 올리면 된다. 먼저 사람에 집중하고 사람을 쳐다보면, 건물은 보이지 않는 법이다.

건물보다는 건물 안에 있는 사람을 보아야 한다. 그럼 건물은 중요하지 않게 된다. 나중에 바로 그 사람들과 현장의 필요에 따라 건물의 용도와 규모가 결정되어야 한다. 그러나 많은 선교사들과 그들을 파송한 한국 교회는 당장에 선교지에 교회 건물부터 지으려 한다. 이걸 선교라고 생각한다. 하지만 이것은 선교 현장을 망치는 길이고 현지인들의 자립심을 처음부터 꺾어 놓는 일이다.

선교의 본질은 사람(선교=사람)이다. 이것을 항상 가슴에 품고 있어야 한다. 사람에게 집중할 땐 돈이 부족하거나 없다 해도 얼마든지 선교가 가능하다. 사랑하는데 돈이 왜 필수이어야 하는가? 돈이 없어도 사랑은 할 수 있는 법이다. 꽃집에서 꽃을 살 돈이 없더라도, 들판에 나가 꽃을 꺾어 아름답게 엮은 뒤 선물하면 상대방은 더 큰 감동을 받게 되어 있다.

희망해 보건대, 이 ABBA 사역 모델이 다른 선교지들에서도 실현될 수 있기를 빈다. 각 나라의 선교지에서 선교사님들이 ABBA의 운영 비결에 몇 가지 추가하여 지혜로운 어떤 원리를 사역 현장에 적용하면, 우리보다 더 놀라운 공동 사역의 기적이 일어날 수 있을 것이다.

봉숭아 성경 학당?

남아공의 시골 지역은 목회자들과 교회 지도자들의 학력이 매우 낮다. 도시에서 멀수록 그러하다. 시골 목회자들은 성경을 제대로 배운 적이 거의 없으며, 성경말씀보다는 구약에 근거한 외적 의식(ritual)과 형식을 중요시한다. 그러다 보니 성경에 대한 무지로 인해 ABBA 강의실에서 어이없는 일들을 겪기도 하는데, 씁쓸하지만 웃으며 넘어간다. 이 이야기는 한 농촌 지역 ABBA 강의실에서 겪은 일이다.

프레토리아에서 300킬로미터 거리의 '이쪼셍'이라는 시골 지역에 동역자 홍승용 선교사님과 매달 1박 2일의 강의를 진행하러 갔다. 졸업까지 2년 반이 진행된 프로그램이었는데 거리가 멀어 고생을 많이 했다. 대체로 시골 지역의 경우 연로한 흑인 목사님들과 높은 직위(비숍이라 부름)의 목사님들마저 성경에 대한 무지는 정말 충격적일 정도다. 예를 들어 사사기의 사사들의 이름을 말해 보라는 질문에 모세가 나오고 아브라함, 다윗이 등장한다.

한번은 이쪼셍 캠퍼스에서 창세기를 가르치는 중에 창세기 5장을 설명하게 되었다. 다들 펼쳐 보면 아는 내용인, "누가 누구를 낳고, 800~900살을 살다 죽었다"가 끝까지 반복되는 내용이다. 그런데 여기서 단 한 사람만이 죽음을 경험하지 않았다. 나는 그 사람이 누구냐고 질문을 던졌다. 물론 정답은 '에녹'이었다.

"단 한 사람 죽음을 경험하지 않았는데 누굽니까?"

머뭇거리며 망설이더니 대답이 나오기 시작했다. 한 사람이 답변했다.

"예수님이요!"

(헉! 예수님이라니….) "지금 여긴 창세기잖아요. 여기서 예수님이 왜 나와요?"

다른 사람이 손을 들었다.

"엘리야요!"

(으잉?) "비슷하지만 여긴 창세기예요. 다시 생각해 보시죠…."

그래도 근접한 대답이었다. 역시 죽음을 경험하지 않고 불병거를 타고 하늘로 올라간 사람이었으니까. 이어서 학급 반장이기도 하고 비숍으로 제일 직위가 높은 모꼬토 목사님이 답답해서인지 드디어 손을 들었다. 정답이 나오겠구나. 그런데….

"하나님이요!"

(아뿔싸!) "목사님, 지금 저는 안 죽은 사람을 묻는 거예요. 하나님 말고 사람이요. 누구 아는 사람 없어요? 지금 본문 5장에 나와 있잖아요?"

잠시 후, 한 사람이 드디어 답을 찾았다는 듯이 살며시 손을 들었다. 그리고 잠시 뜸을 들인 후 당당히 답한다.

…

"사탄이요!!"

…

완결판 답이었다. 이 장면이 무슨 개그 콘서트의 봉숭아 학당의 한 장면 같은데, 거짓말 하나 안 보탠 안타까운 실제 상황이다. 여러 에피소드 중 가장 심한 사례이긴 하나, 성경에 대해 너무나 무지한 현실을 잘 보여 준다. 이 웃지 못할 교실 풍경 하나가 아프리카에서 지도자들을 교육하고 훈련하는 우리의 ABBA 사역이 얼마나 중요하고 필요한 사역인지 단적으로 말해 준다.

물론 현지인 목회자들 중 성경을 열심히 읽어 성경에 대한 지식도 많고, 또한 성경대로 살고 목회하려고 애쓰는 사람들도 간혹 있다. 그러나 그런 경우라도 성경을 해석하는 방법을 몰라 구약성경의 많은 의례와 의전들을 거의 비슷하게 지키려고 애쓰는 경우가 허다하다. 대표적으로 신약과 구약을 똑같이 놓고 해석한다. 그러니 지금도 동물 제사를 해야 한다고 믿고 있고 레위기 11

장의 부정한 음식들, 특히 돼지고기를 지금도 철저히 금한다. 레위기 12장의 법을 따라 여자가 출산을 하면, 두 달 동안 교회를 못 나오게 한다.

결국 아프리카의 교회가 지닌 문제, 곧 조상 숭배, 무당 혼합, 동물 제사 등의 모든 문제가 바로 성경에 대한 무지에서 비롯되었다. 어떤 신학적 확신에서 나온 관행들이 아니고 성경 자체를 몰라서 생기게 된 일이다. 성경을 잘 안다 해도 부분만 정통하며, 신약과 구약의 구속사적 발전에 따른 두 성경 사이의 연속성과 비연속성에 대한 이해가 부족해 신약과 구약을 수평적으로 동일하게 받아들인 결과이기도 하다.

이런 문제들에 대한 ABBA의 성경과 신학 교육은 효과가 컸다. 그것은 졸업생들의 간증을 통해 잘 나타난다. ABBA는 2014년 현재까지 다섯 번의 졸업식을 진행했다. 졸업식 때마다 학생들은 많은 감동적인 간증을 한다. 첫 회 졸업식 때 먼 농촌 지역에서 목회하는 연로하신 모쿠모 목사님은 눈물을 글썽이며, 이렇게 간증하셨다.

"그동안 여러 차례 성경학교나 신학교의 문을 두드리고 공부를 하려 했습니다. 그러나 돈이 없어서 할 수 없었고, 또 어떤 때는 학교가 없어져서 중단하기도 했으며, 때로는 개인 사정으로 포기해야만 했습니다. 사람들은 제대로 배우지 못한 이런 저를 많이 무시했습니다. 이것은 저의 오랜 아픔과 한이었습니다. 그런데

ABBA가 저에게 찾아와 주었습니다. 그리고 이번에 저는 해냈습니다. 이 나이에, 이 나이에(눈물)….”

이 간증을 듣던 여러 졸업생들도 함께 눈시울을 붉혔다. 우리 ABBA 강사들은 그 순간 지난 2년간 학생들을 가르친 보람을 마음속 깊이 느낄 수 있었다. 앞서 말한 ABBA 봉숭아 학당 반장님의 간증도 기억에 남는다. 이름이 이스라엘 모꼬토인 그 목사님의 진솔한 간증은 특별했다.

"처음 우리가 공부를 시작할 때 우리에겐 두 가지 문제가 있었습니다. 하나는 언어였습니다. 우리 중에 영어 독서가 안 되는 분이 절반이 넘었습니다.(이 문제로 현지어로 통역이 진행되었다.) 두 번째는 교리적이고 신학적인 문제였습니다. 우리는 동물 제사를 드리고 조상의 힘을 믿고 숭배했었습니다. 그런데 우리 강사들은 다른 것을 가르쳤습니다. 처음엔 받아들일 수 없었습니다. 그러나 시간이 흐르면서, 성경을 제대로 공부하면서 비로소 깨달았습니다. 우리가 잘못되었다는 걸 말이죠. 지금은 우리가 더 이상 동물 제사를 드리지 않습니다. … 저희들 머릿속에 있는 잘못된 것들이 다 벗겨졌습니다."

이곳 아프리카에서 현지인 교회들의 전통 중에서 함부로 건드리지 말아야 할 것들이 있다. 자칫 큰일 나거나 판을 깰 수 있는 일이다. 그게 일부다처제(남아공의 경우도 여러 종족에서 지킴), 조상숭배, 동물 제사 이런 거다. 교회의 이런 문화는 사실 아프리카의 전통 문화와 깊이 연관되어 있다. 그 전통 문화가 교회 안에 그대로 흡수되어 혼합되어 있는 것이다. 오랜 전통으로 내려온 그런 것들을 바꾼다는 것은 생각하기 힘든 일인데, 놀랍게도 하나님께서 ABBA를 통해 이 일이 가능케 하셨다.

이것은 사실 동물 제사 자체만의 문제가 아니라 성경의 바른 이해 문제였고, 결국 다른 문제들도 깊이 연루되어 있다. 여성에 대한 차별적 인식 등, 그들의 삶과 도덕적 문제와도 깊은 연관이 있는 것이다. 그러니 ABBA의 성경 교육은 이들에게 아주 중요했다. 최근 ABBA는 성경에 대한 지식의 중요성을 더욱 절감하고, 성경 통독 캠프라는 도전적인 프로그램을 도입하여 더욱 성경 교육을 강화하고 있다.

졸업생들의 여러 가지 간증을 들으면서, 우리가 이 일을 해 온 것이 헛되지는 않았구나 하는 생각이 들었다. 하나님의 은혜로 우리의 수고가 열매를 맺고 수확을 거두게 된 것에 대해 감사드렸다. ABBA 강의자들은 늘 각종 범죄의 위험이 도사리고 있는 먼 지역까지 매주 차를 몰고 달려가 학생들을 만나 강의뿐 아니라 강의 이상의 것을 가르쳤다.

특히 신학을 공부하러 온 유학생들의 헌신과 열정은 선교사들 못지않게 대단했다. ABBA 강의실은 대체로 마지막 끝날 무렵과 마무리 기도를 할 때는 강의인지 부흥회인지 구분이 안 가는 경우가 많다. 유학생 김준섭 목사님은 뜨겁게 기도회를 하는데, 학생 중 한 명이 하늘 문이 열리며 성령의 빛이 강의실 위에 내리 비치는 환상을 보기도 했다. 그래서인지 그 캠퍼스는 다른 곳의 두 배가 넘는 50명에 육박하는 숫자로 부흥을 한 상태다.

열정적 강의, 뜨거운 헌신! 대부분의 ABBA 동역자들의 모습이다. 우리 모두는 이와 같이 현지인 지도자들과 삶을 함께 나누고 자신의 시간을 내고 물질을 사용하면서, 더 잘 가르치고 섬기기 위해 이런저런 애를 썼다. 그리고 이런 수고의 열매가 조금씩 나타나기 시작한 것이다.

난 위험한 목사

남아공은 11개의 공용어가 있는데, 그중 가장 중요한 것은 영어다. 영어가 이 나라의 사실상의 제1공용어다 보니 ABBA 강의는 영어로 진행된다. 그런데 나는 지금도 많이 서툴지만 처음에 영어를 잘 못해 강의실에서 어려움이 많았다.

사람들은 내가 신대원 시절 헬라어와 히브리어를 꽤 하는 편이고 일찍부터 원어를 가르치는 강사로 활동하는 모습을 보고 '언어의 귀재'라는 별명을 갖다 붙이곤 했다. 그러나 천만의 말씀이다. 사실은 성서 언어도 여전히 많은 단어를 사전에서 찾아 가며 천천히 원어 성경의 문장을 읽는 수준에 불과하고 무엇보다 영어는 여전히 부족하기만 하기 때문이다.

그럼에도 중요한 것은 내가 비로소 신대원 시절에 제대로 영어를 공부하기 시작했다는 것이다. 남들은 고등학교 때 다 뗐다는 성문 기본 영어와 성문 종합 영어를 뒤늦게 몇 번씩, 그것도 모든 연습문제와 작문까지 꼼꼼히 공부했다. 엄청난 시간이 걸렸다. 결국은 어느 순간 영어가 조금 보이기 시작했고 영어 원서를 읽기가 매우 수월해졌다. 그러나 늦어도 한참을 늦은 것이었다. 그런데 문제는 영어의 듣기와 말하기였다. 이것 역시 꽤나 노력을 했어도 이상하게 잘 안 되었다. 학원도 나름 열심히 다녔지만 다른 사람들은 다 늘어도 나는 늘지를 않았다. 결코 게으르지 않았는데도 늦은 나이에 시작한 듣기가 좀체 늘지 않으니 낙심이 컸다.

　토플을 치른 적이 있는데, 문법과 독해는 아마 한 문제를 빼고 다 맞혔지만 듣기를 3분의 1 정도밖에 맞히지 못하니 고득점은 나오지 않았다. 선교 10년차가 되어 가지만, 솔직히 말해서 지금도 영어 스트레스가 크다. 특히 듣기가 여전히 힘들다. 영어로 말은 청산유수로 쏟아 낸다. 틀리든 맞든 강의 시간에 몇 시간이고 그냥 마구 지껄이기 때문이다. 그런데 가끔 문법적으로 엉뚱한 표현을 써서 학생들이 즐거워하는 일이 발생한다. 선교 초년 시절 한번은 학생들 앞에서 영어로 이렇게 말했다.

　"응게냐 형제님이 오늘도 안 왔는데, 그분 결석을 너무 많이 했어요. 응게냐 형제님에게 알려 주세요. 이 과목은 과락할 수 있어요. 그분 매우 위험합니다."

　"그분 매우 위험합니다"는 당연히 "He is very dangerous!"라고 생각했다. 난 너무나 자연스럽게 그렇게 말했는데, 학생들은 나를 이상한 눈빛으로 쳐다보았다. 이윽고 큭큭대며 웃기 시작했다. 그러더니 한 사람이 미소를 지으며 나에게 이렇게 말했다.

"목사님, 뭐라고요? 뭐라 하셨어요? 그 친구가 엄청 위험한 친구라고요?"(Pastor! what? what do you mean? He is very dangerous?)

급기야 웃음이 터졌다. 그때까지도 이유를 몰랐던 나는 물었다.

"왜 웃어요? 응게냐는 위험하다니깐!(He is very dangerous!) 빨리 알려 주세요. 이제 결석하지 말라고."

그제야 웃던 학생들이 나의 영어를 고쳐 줬다.

"그 사람은 위험한 상태예요!"(He is in a dangerous situation. Or he is in danger.)

나도 덩달아 한참을 웃었지만, 참 민망하고 쑥스러웠다. 그런데 그 잘못된 영어는 나중에 나의 별명이 되고 말았다. 그 후 교실에서 학생들이 나를 이렇게 부르곤 한다.

"안녕하세요, 위험한 목사님!"(Hi, Dangerous pastor!)

그래서 나는 '위험한 목사'다.

파라나예, '행복하여라, 그분과 함께'

프레토리아 외곽에 빈민촌이 여럿 있다. 몇 해 전 우리는 이웃하는 권엘리야 선교사님 부부와 더불어 그중 한 곳에 교회를 개척했다. 그곳 주민들로부터 요청이 있었기 때문이다. 나는 설립 예배까지만 역할을 해드리고, 그 후 목회는 권 선교사님이 전담해 오고 있다. 다만 아내가 매 주일 그곳에 가서 권 선교사님의 사모님과 더불어 주일학교를 섬겼다. 천여 가구에 4천 명가량의 주민이 사는 곳이다.

그곳은 남아공에서 내가 방문해 본 빈민촌과 흑인 낙후 지역 중 최악이었다. 대부분이 짐바브웨에서 먹을 것과 돈벌이를 찾아 내려온 사람들이다. 집들은 양철집마저 드물고 대부분 나무판자를 얼기설기 엮어 비닐 쪼가리로 덮어서 만든 것들이다. 하수와 배수 시설이 전혀 안 돼 온갖 시궁창 물과 배설물이 섞여 악취가 진동하고 비가 오면 도저히 들어갈 수가 없을 만큼 진창이 되고 만다.

초등학교 이하의 아이들이 250명가량 있는데, 대부분 미취학 아동으로 방치되어 있고, 피부와 눈빛만을 보더라도 아이들의 건강 상태가 매우 좋지 않음을 알 수 있다. 빈민 사역을 위해 봉사하는 이곳 남아공의 몇몇 백인 사역자들도 이 동네를 섬기고 있어, 그들과 함께 가끔 대책을 강구하곤 하는데 여의치 않다. 특히 아이들이 하루 종일 방치되어 있다는 것이 늘 마음에 걸린다. 주일이면 아내는 그 빈민촌 교회에 가서 100여 명의 유초등부 아이들을 섬기고 있다. 가난한 동네라도 아이들은 순박하고 얼굴은 천사와 같이 아름답다.

아내와 나는 주일에는 사역지가 다르다. 아내는 권엘리야 선교사님 부부를 도와 빈민촌의 아이들을 섬기지만, 나는 매주일 현지의 ABBA 학생들 교회를 방문하여 함께 예배드리며 특강과 설교를 하러 다니고, 때로는 시간이 나면 길거리 교회에서 예배를 인도했다.

길거리 교회는 광야 교회, 혹은 나무 밑 교회라고도 할 수 있는데, 이 교회의 공식적인 이름은 '파라나예 교회'다. 이 교회는 노숙자, 즉 집 없는 길거리 사람들을 위한 교회다. 처음엔 평신도 선교사이신 이경하 집사님 부부가 이들에게 빵을 나누어 주기 시작하다 곧 예배를 세우기 위해 나를 찾아왔다. 나는 다른 사역에도 바빠 그 일을 맡기가 버거웠지만, 노숙자 형제들에게 영혼의 양식을 먹이는 일에 합류하게 되었다. 그래서 지금은 빵과 말씀을 함께 먹인다. 1년 반 정도 사역을 하니 예배가 잘 정착되었다. 지금은 형제들이 빵보다는 예배를 드리고 하나님 말씀을 들으러 오고 있다.

그 후 나는 ABBA 일이 너무 분주해 영어 설교가 탁월한 유학생 김용상 목사님에게 설교를 전담하도록 넘겨 드리고 내가 할 수 있는 부분에서 협력했다. 파라나예 교회에는 매주일 60~80명 가량이 모여 예배를 드리는데, 이들 또한 빈민촌 사람들처럼 대부분 짐바브웨 사람들이다. 모두가 남성들로서 3분의 2 이상이 결혼을 했으나, 나머지는 20대, 그리고 10대도 상당히 많다. 이들은 세계 최빈국으로 전락한 짐바브웨에서 가족을 부양할 책임감을 가지고 홀로 일자리를 찾아 남아공으로 넘어왔다. 불법 체류자가 다수를 이룬다.

이들의 눈망울을 보면, 소망과 절망이 교차한다. 때론 돈도 없는 가운데 어디선가 구한 술로 마음을 달래며 매일을 소망 없이 살아가기도 하고, 하루를 연명할 돈을 벌고자 일용직을 찾아 헤맨다. 그러나 하루 일자리 찾기도 여간 어려운 일이 아니다. 남아공 20대 청년들의 실업률도 무려 60~70퍼센트나 되기 때문이다. 그럼에도 짐바브웨보다 오히려 남아공이 더 나은 기회의 땅이기에 독재자 무가베의 폭압 통치를 피해 무려 200만~300만 명으로 추산되는 짐바브웨 사람들이 남아공으로 넘어와 있다. 그들은 아내와 자녀, 그리고 부모 친지가 있는 고향 짐바브웨를 늘 그리워한다. 하지만 빈손으로는 돌아갈 수가 없어 들판에서 잠을 자며, 희망의 끈을 붙들고 있다.

매 주일 이들과 함께 모이는 교회 이름은 앞서 언급한 대로 '파라나예 교회'다. 짐바브웨 부족어인 쇼나어로 '*Fara naye*'인데, 이 단어의 뜻은 이렇다.

"행복하여라, 그분과 함께!"(Be happy with Him!)

교회 이름이 된 이 단어는 '따이조 파라나예'(*Taizo fara naye*)라는 짐바브웨 찬양의 첫 부분 가사다.

우리는 행복하리라 그분과 함께
우리는 기뻐하리라 그분과 함께.

처음 이 찬양을 듣고 가사의 뜻을 알게 되었을 때, 그 가사와 곡조가 내 가슴을 적셨다. 이들은 사실상 들판과 길거리에서 지내는 거지다. 그런데 행복하다고 노래하며, 또한 행복할 거란다. 예수님의 약속의 말씀이 귓전에 울렸다.

'가난한 자에게 복이 있나니 천국이 저희 것임이요…'

이 노래가 내 마음을 움직여 나는 이것을 길거리 교회의 이름으로 삼았다. 나의 소망은 단순하다. 이들이 하나님을 신뢰하고 그분의 인도함을 믿는 가운데, 예수님을 만나 희망의 끈을 잃지 않는 것이다. 그리고 노숙자들이 자신을 망가뜨리는 술과 마약에서 벗어날 수 있도록 하나님의 도우심을 바라는 것이다. 그래서 매번 예배 후 안수 기도할 때마다, 나의 간구와 축복의 기도는 매우 단순하고 한결같았다. 집에서 이들을 위해 기도할 때도 마찬가지다. "주님, 이 형제들의 주님이 되어 주십시오. 아픈 곳을 고쳐 주십시오. 그리고 필요한 것을 채우시고 모든 어려움과 악으로부터 보호하여 주십시오." 하나님께서 이 단순한 기도를 응답해 주시기를 소망할 뿐이다.

오늘도 그들은 이렇게 노래한다.

"따이조 파라나예!"

행복하여라, 그분과 함께!

우리는 '파라나예' 교회다.

그 친구 제임스

어느 날 저녁 무렵 제임스라는 친구가 우리 집에 찾아왔다. 이 친구도 짐바브웨에서 일자리를 찾아 내려온 형제인데, 나와 인연이 닿아 가끔 우리 집에 이런저런 손이 필요하면 도움을 요청하는 친구다. 몇 년 전 우리 집의 담벼락을 페인트칠할 일이 있었을 때, 전문 페인트공의 보조자로 함께 왔었다. 짐바브웨 친구들이 대체로 그러하듯 성실하고 착했다. 일하러 오면 하루 품삯을 두둑이 주고 집으로 보내곤 했다. 사실은 집이 없는 뜨내기 삶이었지만….

착하고 열심히 일을 하니 주변 사람들에게도 소개해 주고 싶었지만, 힘이 너무 약하고 고정된 일을 주기엔 주특기(정원 가꾸기 등)가 없어서 곤란했다. 그런데 어찌된 일인지 오랜 시간 연락이 닿지 않다가 느닷없이 땅거미가 내려앉는 초저녁에 그가 나를 찾아온 것이다. 제임스는 눈에 띄게 살이 빠져 있었다. 볼살이 쏙 들어간 채 안색이 너무 안 좋아 보였고 눈에 초점이 없었다. 그리고 술 냄새가 확 풍겼다.

"미스터 김, 배가 고파서 찾아왔어요…."

꼬인 발음으로 내게 배고픔을 하소연했다. 그 망가진 몰골을 보니 기가 막혔다. 그리고 제임스에 대한 한없는 동정심과 함께 그를 망가뜨린 죄의 세력에 대한 분노가 일면서 여지없이 목사의 직업 정신이 발동되어 몇 마디 해야 했다.

"제임스, 왜 술을 마셨냐. 술은 네 몸과 네 인생을 파괴하는 적이야. 네 몸이 재산이고 돈이다. 술을 원수처럼 여겨라. 이 친구야, 왜 돈을 술 사는 데 쓰냐, 음식을 사먹지…."

술 취한 사람에게는 씨알도 먹히지 않을 잔소리를 좀 내뱉었더니, 이 친구가 눈물을 글썽거린다. 그들은 생각지도 못할 좋은 집에 사는 선교사인 내가 이럴 땐 마치 누가복음 16장에서 거지 나사로와 비교된 그 부자가 된 심정이 된다. 미안함으로 정말 뭐라 할 말을 못하게 되는 것이다. 하나님, 제임스한테 뭐라 해야 하나요, 제가 뭘 해야 하나요…. 사실 음식이, 밥이, 옷 몇 점을 주는 것이 중요한 것이 아니잖아요, 하나님….

예수님의 마음을 품고 제임스를 위로하고 달래 보았다. 그러나 그 친구의 삶의 정착을 위해서는 내가 뭘 해줄 수 있는 것이 없어 안타까울 뿐이었다. 그래도 몇 년 전엔 전문 페인트공을 따라

다니며 기술을 배우면 입에 풀칠은 할 것으로 생각했었는데, 요 몇 달 소식이 끊긴 뒤 오랜만에 찾아온 그 친구의 급격히 황폐해진 모습을 보니 답답한 마음을 어떻게 할 수가 없었다. 음식을 한 아름 챙겨 주고 집으로 돌려보냈다.

제임스를 떠나보낸 후, 노숙자 형제들과 빈민촌 사람들이 자연히 생각났다. 주일 예배, 혹은 노숙자 예배에 가면 매주 비슷한 친구들을 만나게 된다. 희망 없이 살아가는 수많은 제임스들을 보면서, 빵을 나눠 주고 예배를 통해 그들에게 하늘의 소망을 힘차게 외쳐 보지만 언제 그들은 그 비참한 현실에서 벗어날 수 있을까…. 예수님을 주님으로 모시면, 그분이 당신들을 변화시킬 것이라고 힘주어 전해 보지만, 희망은 항상 우리보다 좀더 멀리 저만치 있는 것 같다. 그럼에도 주님은 항상 우리에게 위로와 소망의 말씀을 주신다.

"수고하고 무거운 짐 진 자들아, 다 내게로 오라. 내가 너희를 쉬게 하리라"(마 11:28).

친구 제임스의 짐을 져주실 예수님, 제임스가 그분을 찾아갔으면 좋겠다.

선영아 사랑해

　이곳의 선교 사역의 절반 이상은 아내 몫이다. 아내와 자식 자랑하는 사람은 좀 푼수라지만, 아내는 참으로 훌륭한 선교사다. 어찌 보면 나보다 더 큰 규모의 사역을 하고 있고, 더구나 집안일까지 도맡아 하고 있기 때문이다. 아내는 나보다 많이 어리다. 도둑놈이라는 말이 언제나 붙어 다닐 만큼 나이 차이가 꽤 난다. 그러나 나는 아내를 존경한다. 진심으로 그렇다. 하는 일이나 생각과 성품이 나보다 한참 어른이기 때문이다.
　선교지로 나오기 전에도 못난 목사 남편 만나 고생했던 것은 말할 것도 없고, 이제는 선교지에 나와서 더한 수고를 마다하지 않고 감당하고 있다. 남편이 ABBA 사역에 전념하다 보니 각종 행사 준비는 항상 우리 몫이라 우리 집은 매일같이 동역하는 목사님들로 북적거렸다. 여러 사모님들과 자원봉사자님들이 와서 돕더라도 언제나 아내가 감당해야 할 일은 과중했다.

특히 몇 년 전 내가 몸이 아플 때 한국에 가서 치료를 받고 회복을 위해 석 달 정도 집을 비워야 했던 상황에 처한 적이 있었다. 그때 아내는 이곳에 여자 몸으로 홀로 남아 사역을 감당하고 아이들을 뒷바라지했다. 심지어 그 기간에 남편 없이 이사를 가야 하는 상황이 벌어졌다. 우리 집은 선교 센터나 다름없는 역할을 해왔기에 짐이 엄청나게 많은데, 다른 선교사님들이 돕긴 했으나 이사라는 큰일은 여자 홀로 감당하기에는 너무 벅찼다.

결국 아내는 이사 와중에 한국에서 병 치료 하던 내게 전화를 걸어 엉엉 울면서 너무 힘들다고, 그러니 빨리 들어오라고 하소연했다. 그때를 생각하면 지금도 얼마나 미안한 마음이 드는지 모른다. 당시 나는 한국에서 직장을 일부 잘라내는 외과 수술이 동반된 고질병(배변 장애)을 치료 중이었기에 돌아갈 상황이 아니었다. 과거에 수술이 잘 안 되었기에, 두 번째 수술을 받은 것인데 여전히 내 몸에 대한 확신이 서지 않아 불안감과 더불어 영육간에 깊은 침체에 빠져 있던 상태였다. 배변 장애가 무슨 죽을병은 아니었으나 불편함이 컸고 또 생활에 큰 지장을 주는 만큼 그 수술이 내게는 매우 중요했기 때문이다.

마음이 불안정하니 행동도 격해져 형제와 사소한 걸 다투고 자매에게 상처를 주는 등 여러모로 이상해졌다. 몸 때문이긴 했지만, 그때처럼 시험에 빠진 나의 믿음 없는 모습이 부끄러웠던 적은 없었다. 다행히 당시 수술 후 몸은 매우 호전되어 남아공에서 살며 선교 사역하는 데 별 문제가 없었다.

내가 늦깎이 결혼을 했을 때, 아내는 내가 섬기던 교회의 청년부 회장이었다. 당시 나는 은사이신 정성구 교수님이 담임하던 총신대학교회의 중고등부 사역을 하고 있었다. 사실 부서가 서로 달랐기에 결혼이 가능했다고 볼 수 있다. 난 원래 총각 때 배우자의 조건이 딱 한 가지였다. '친구 같은 아내'였다. 그저 "주님, 평생 같은 길을 동행할 친구 같은 아내를 주세요"라고 기도하면 끝이었다. 사람들은 배우자의 조건을 구체적으로 적시해서 기도하라는데 나도 그럴 마음이 없진 않았지만, 나는 그런 기도가 마음으로부터 아예 안 나왔다. 그 대신 '내가 좋은 남편 되게 해주세요'라는 기도는 많이 했다. 내가 아내에게 좋은 남편인지는 모르지만….

시간이 지나면서 아내와는 친구처럼 친해졌으나, 나이 차가 꽤 나기 때문에 교제를 진행시키지 않으려 했다. 그런데 의외로 담임목사님께서 우리 두 사람의 관계에 매우 호의적이셨다. 그렇게 해서 우리는 하나님의 은혜로 운명적 짝이 될 수 있었다. 그로부터 얼마 후 담임목사님의 주례로 우리는 결혼식을 올렸다. 1년 6개월간의 만남 뒤의 결혼이었다.

결혼 후 아내와의 사이에 보배와 같은 아들 셋을 선물로 받았다. 서두에 말한 대로 아내는 이곳 선교지에서 남편보다 세 배는 더 많은 일을 해내고 있다. 가사 일은 기본이고 사모 선교사님들과 VCM(Vine Children Ministry)을 결성해 동역하면서 20군데가 넘는 도시 변두리 지역 유치원을 지원하여 천여 명의 어린이들을 섬기는 큰 사역을 하며, 주일에는 빈민촌 교회의 주일학교를 인도했다.

모든 아내가 그러하지만, 가정 살림을 책임지는 나의 아내도 가장 힘들 때는 '돈'이 궁할 때다. 목사 아내도 사람인지라 마찬가지인 거다. 신앙이 좋고 기도 많이 하고 성경을 많이 읽어도, 돈이 떨어지면 풀이 죽는다. 당장에 막막한 생각에 신경이 예민해지고 표정이 어두워진다. 그럴 때면 더욱 기도는 하지만 말이다. 반면에 어느 날 생각지도 못한 어떤 후원금이 통장에서 발견되면, 얼굴이 활짝 핀 해바라기가 된다. 집안 분위기가 바뀐다. 난 이게 인간적인 모습이라 본다.

얼마 전 아내의 생일이었다. 꽃 한 아름을 선물했다. 아내 얼굴이 환해지고 감격해 한다. 아내가 고마웠다, 진심으로.

아내 이름은 '김선영'이다. 벌써 20년 전이던가? 서울시 전역의 모든 시내버스 광고판에 한동안 이런 글귀가 쓰여 있었던 걸 기억한다.

"선영아 사랑해…"

Part 3
우분투의 땅 아프리카

"한 여행자가 어떤 마을에 머물면
그는 음식과 물을 요구할 필요가 없습니다.
그 사람이 일단 머물게 되면 사람들은
음식을 주며 그를 대접합니다.
이것이 우분투의 한 측면입니다…."
— 넬슨 만델라

어느 아프리카 선교사의 가짜와의 전쟁

나의 신대원 동기이자 아프리카 우간다에서 사역하시는 존경하는 선교사님의 선교편지이다. 이 글에 아프리카의 실상이 적나라하게 드러나 있다.

거듭난 크리스천이라고 교사로 고용을 했더니 가짜 교사로 버젓이 2년을 사기를 쳤습니다. 장로라서 믿었더니 30만 원 사기를 치고 도망을 쳤습니다. 월급을 받고서도 노동청에 월급을 받지 않았다고 고소를 합니다. 연초에 교사를 채용했더니 3일 나오다 다른 학교로 가더니 3개월분 월급을 내놓으라고 합니다.
돈을 주지 않으면 6개월이고 2년이고 서류는 책상서랍 제일 밑에서 잠자는 세상. 땅문서 서류를 첨부하고 2년이 지난 지금도 땅문서가 나오지 않아 변호사에게 일임하지 않을 수 없는 세상. (중략)

중고가 새것보다 비싼 세상. 10년 된 차량도 2만 불, 3만 불로 팔리는 세상. 중고 복사기도 200~300만 원 하는 세상. 거짓말로 자기 이익을 챙기는 세상. 거짓말로 다른 사람에게 손해를 끼치는 사람.

자기 기계를 맡겨 두었다가 내가 없는 사이에 훔쳐 가고서는 물건을 내어 놓으라고 합니다. 그것도 350만 원에 변상하든지 아니면 절도범으로 법정에 세웁니다. 그것도 거듭난 사람이라고 신실하다고 입버릇처럼 말하던 사람이었습니다. 동료 선교사가 집을 1년분 세를 내었더니 그다음 달 주인이라는 사람이 네 사람을 데리고 나타나서는 협박하며 집을 비우라고 합니다. 1년간 옥죄임으로 스트레스를 받으며 살아온 것이 기적과도 같습니다.

땅을 사러 갔더니 주인이 셋이서 서로 자기 땅이라고 주장합니다.

눈 깜짝할 사이에 물건을 훔칩니다. 지키고 있어야 하고 그렇더라도 강한 사람은 치고 들어옵니다. 더 강한 사람은 총을 들고 와서는 무차별 난사합니다. 그런 사건으로 선교지를 떠난 동료 선교사도 있습니다. 물건은 물건대로 가짜가 넘치는 세상입니다. 사람은 사람대로 가짜와 씨름해야 하는 세상입니다. 언제 어느 곳에서 내가 바보같이 당할 수도 있다고 생각하면서 하루를 지내는 것에 깊은 스트레스를 받습니다.

이 글은 수없이 말라리아와 싸워 가며 너무나 만연한 가짜 세상에서 싸우는 선교사가 거의 19년 만에 하도 답답해서 털어놓는 고민입니다. 싱가폴 선교사가 차량 수리를 하는데 의자를 갖다 놓고 볼트가 제자리에 들어가는지 감시하고 있었습니다. 참 괴상한 선교사로구나 했습니다. 지금 와서는 그렇게 하지 않고서는 그냥 당하게 되어 있는 세상임을 압니다. 이렇게 뜯기고 저렇게 뜯기고 마음은 갈기갈기 찢겨지고 괴롭고 상할 대로 상한 상태에서 선교사는 질문합니다.

"이들에게 예수는 무엇인가?"

물론 이렇기에 선교사가 있어야 할 이유가 있다지만 사역 20년이 다 되어 가는 지금, 이 세상이 너무 싫어지고 있습니다. 그냥 믿어 주기에는 이들의 인격이 너무 낮은 것인지, 아니면 아예 그렇게 디자인되어 태어난 것인지 모르겠습니다.

기록을 하고 증거를 제시해도 무조건 우기고 안 되면 법관조차도 뇌물을 써 상대를 넘어뜨려 돈을 뜯어내려고 합니다. 나를 변호해 달라고 변호사를 고용했더니 수임료만 챙기고 나를 위한답시고 빨리 끝내라고 합니다. 그 말은 돈 주고 문제를 더 크게 만들지 말라는 괴이한 뜻이라는 것이 명백합니다.

그래서 어떤 선교사는 《무중구 실링기》란 책을 썼습니다. '무중구'는 외국인 즉 피부가 흰 사람이란 뜻이며 '실링'은 돈의 단위입니다. 어린 아이들은 '무중구 실링기' 하고 돈을 달라며 외국인들을 따라다닙니다. 아이뿐 아니라 어른도 외국인의 돈은 뜯어먹는 사람의 것이라고 생각하는 것 같습니다. 그것이 선교비가 되었든지 아니면 교회 헌금이 되었든지 아무 상관이 없습니다.

스위스 선교사는 우간다 서쪽에 유치원에서 고등학교와 기술학교까지 세웠는데, 아들같이 잘 대해 주던 현지인이 괴롭히고 급기야는 선교사를 쫓아내고 그곳을 차지하고 갑자기 부자가 되었습니다. 6개월도 안 되어 그 학교에 벼락이 떨어져 그 사람도 죽고 아무도 이 학교에 등록을 하지 않아 귀신의 집이 되었습니다.

미국 선교사와 함께 일하던 사람이 여러 가지 나쁜 짓을 하기에 해고를 했습니다. 그날 밤 선교사님 집에 큰 셰퍼드 네 마리가 있었음에도 짖지 않았습니다. 그리고 그 직원은 선교사의 선교비를 몽땅 털어 갔습니다. 선교사님은 싸늘한 주검으로 변했습니다. 아내 선교사님의 고발 전화가 너무나 가슴을 아프게 합니다. "살인 사건으로 경찰의 출동을 요청합니다." 경찰 왈 "경찰차에 기름이 없어서 출동할 수 없습니다."

자기 아이들 학교는 뻔질나게 그 차로 데려다 주고 데리고 오면서 그것도 1킬로미터도 떨어지지 않은 곳에 있던 경찰서에서 나오는 소리가 그러했습니다.

오렌지 향기 천지를 진동하여 사람의 마음을 흐뭇하게 하는 아프리카. '어제 오늘 내일'(yesterday today tomorrow)이란 꽃이 밤마다 향기를 발하여 하루 동안 지친 심신을 풀어 주는 아프리카.

조물주가 창조한 세상에서 가장 믿을 수 없는 인간에게 사랑을 주어야 하지만 그럴 수 없는 세상. 그에게 다가가 내가 다시 다칠까 봐 겁이 납니다. 아프리카 선교가 느림보 걸음으로 가는 이유는 무엇일까 생각해 봅니다. 내가 여기서 선교한다고 고집해야 할 이유는 있는 것인가? 주님이 과연 이곳에 나를 부르기는 하셨단 말인가?

무엇을 알고 무엇을 해야 할지 앞 모르는 선교지 아프리카. (중략)

아프리카를 너무 가볍게 보고 덤빈 교만을 용서하여 주시옵소서. 수천 년간 똬리를 틀고 자기 왕국을 지켜 온 사탄이 쉽게 항복하고 떠나가지 않으리라는 것을 압니다. 당신의 영이 아니면 변하지 않고 당신의 역사가 아니면 새로운 것이 없음을 뼈저리게 고백합니다.

그저 엎드려 당신의 임재를 호소할 수밖에 없습니다. 당신이 하시는 위대한 일을 보게만이라도 하여 주시옵소서! 저들을 사랑할 수 없었던 못난이를 오늘까지 붙들고 계신 당신이여! 답답함과 안타까움을 어찌 말로 다 할 수 있사오리까.

고통 없이 당신의 나라가 세워지리라 믿지는 않습니다만 '내게는 그런 고통은 없게 하시옵소서'라는 바람만 가졌습니다. 이제는 고통의 중심에서 당신만 바라봅니다. 그러한 세상의 한가운데서 당신께 부르짖습니다.

더디 응답하심으로 나로 낙심의 나락으로 떨어지지 말게 하시옵소서. 너무 빨리 이루심으로 나로 하여금 영발 있는 선교사가 된 듯 우쭐하지 않게 하시옵소서. 당신의 때에 이 일을 이루어 주시옵소서.

　　　　　　　　　　- 적도 아프리카 우간다에서 김XX 선교사

이 편지를 읽다가 여러 번 숨이 막혔다. 눈물과 비통함과 안타까움이 가슴 한가득 밀려와서다. 도대체 선교가 뭔지. 예수가 뭐기에 저리 고생을 하며 그 양반을 위해 인생을 바쳐야 하는 건지. 상상하기도 어려운 저런 일을 당하면서 아프리카를 위해 일하시는 선교사들의 삶을 생각해 볼 때 숙연한 마음이 들지 않을 수 없다.

사실 내가 있는 남아공의 흑인 사회도 결코 이에 못지않다. 남아공의 강력 범죄율은 세계 최고로 꼽힌다. 선교사로 오신 분들 가운데 둘 중 하나는 권총 강도를 당한 편이며, 두세 번씩 당한 분들도 많다. 농촌은 그래도 아직 순박함이 많이 남아 있으나, 도시 근교에 사는 흑인들은 믿을 사람이 드물다. 그들은 돈맛을 제대로 알기 때문이다. 또한 부패한 공무원과 관료들의 무례함과 고자세, 힘 있는 위치에 있는 사람들의 웃음기 하나 없는 차가운 불친절은 실로 끔찍한 경험이다. 오래도록 백인들에게 눌려 살아오다 완장을 차게 된 그들의 심리를 볼 때 이해가 안 가는 것은 아니다.

다행히 남아공에서 나와 함께 사역하고 섬기는 현지의 흑인 중에 나와 나의 동역자들에게서 물질을 갈취해 내려는 사람들은 드물다. 사람을 잘 분별하고 또한 별다른 돈과 물질이 들지 않은 사역을 해온 바른 선교 정책으로 인한 것이라 믿고 있다. 그럼에도 나 또한 남아공에서 비슷한 일을 몇 번 당하고, 나보다 훨씬 더 어처구니없는 상상도 못할 일들을 당하는 주변의 동료 선교사들을 보면서 선교사로서 내가 던지는 고민은 이것이다.

아프리카 사람들, 흑인이라 불리는 이 사람들은 원래 그렇게 태어난 사람들인가? 애초부터 인종적으로, 태생적으로, 유전학적으로 그러한가? 나의 답변은 '결코 그렇지 않다'는 것이다. 그 이유는 연이은 글에서 자세히 설명할 것이다.

여기서 나의 질문은 이것이다. 그럼 백인들은 어떠한가? 우리가 고상하게 보는 백인들은 따지고 보면 역사에서 더 중대한 범죄를 저질러 왔다. 과거 인류사에서 백인들이 범한 범죄 행위에 비하면, 흑인들은 어찌 보면 양반이다. 문명이 발달한 모든 대륙은 전쟁의 역사로 점철되어 있다. 그들은 전쟁을 하면, 30년도 하고 100년도 하면서 상대의 씨를 아예 말릴 작정으로 인종 청소를 자행해 왔다. 한 번 전쟁으로 수십만은 보통이고 수천만 명도 죽었다. 이런 전쟁을 일으킨 이들이 사실은 백인들이다.

그들은 흑인들을 노예로 잡아가 최소 3천만 명이 바다에서 도중에 죽게 했고, 다른 5천만 명가량을 백인들의 나라 곳곳에서 처참하게 동물처럼 부려먹었다. 인도와 아시아까지 전 대륙을 식민지로 삼았으며, 북미 인디언과 중남미의 원주민 대다수를 (최대 1억 명 추산) 잔인하게 학살했거나, 의도성은 없었으나 천연두나 콜레라 같은 전염병을 옮겨와 몰살시켰고, 때로는 의도적으로 전염병 세균을 살포해 전멸시켰다.

그건 과거이고 지금은 괜찮은 것일까? 사실 백인들은 지금도 아프리카에서 수많은 수탈 행위를 자행하고 있다. 개인적으로는 대단히 품격 있고, 고상하고, 윤리적 수준이 높은 듯해 보이는 그들이 국제 관계와 사회 구조 속에서는 아프리카에 여전히 폭력을 잔인하게 행사하고 있는 것이다. 지금도 수많은 아프리카 국가들은 커피, 면화, 사탕수수, 담배와 같이 자국민의 식량 문제에는 아무런 도움이 안 되는 기호 식품을 서양 국가들에 팔아먹기 위한 대리 농사를 짓고 있다. 이런 이유로 그들은 늘 식량이 부족해 외부로부터 식량을 대거 수입해야 하거나, 대규모 식량 원조를 받아야 한다. 이 얼마나 아이러니한 일인가! 문제는 이들이 여전히 서양에 경제적으로 종속되어 있어 자립형 식량 농사 체제로 전환하기 어렵다는 점이다.

설사 기호식품이라 해도 자신들에게 돌아오는 몫은 제한되어 있다. 예컨대 한때 에티오피아의 고급 커피 농장들은 미국이 독점했다. 쉽게 설명하자면 10원에 생산한 커피를 50원에 수입해서 1,000원에 팔아먹었다. 인건비는 1원도 안 되었다. 새로운 식민지 수탈인 것이다. 다행히 최근 에티오피아 정부는 이런 부당한 착취에 강력히 저항해 서서히 커피 종속 구조를 벗어나고 있는데, 아프리카의 여러 자원들은 여전히 강대국의 손아귀 안에 있다.

지하자원도 헐값에 수탈되고 있기는 마찬가지다. 다이아몬드나 석유와 같은 자원을 둘러싼 아프리카의 국가 분쟁이나 내전, 그리고 민족 분쟁의 배후에는 여전히 강대국들과 백인의 이익 집단이 끼어들어 있다. 은밀하게 무기를 지원하고 군사비를 대주고 있다. 최근 이런 실상을 고발하는 여러 책들과 영화가 나오고 있는데, 그들은 한결같이 현재 미국과 유럽 그리고 중국을 비롯한 선진국들의 경쟁적인 아프리카 진출은 수백 년 동안 반복되어 온 아프리카 수탈을 위한 새로운 식민지 구축에 지나지 않는다고 비판하고 있다.

나는 이런 아프리카를 생각하면 화가 나고 눈물이 나고 기도가 나온다. 아프리카 사람들은 정말 억울하다. 오늘날 아프리카가 이렇게 된 것은 사실은 그들 탓이 아니다. 그럼에도 그들은 과도하게 부당한 평가를 받고 있다. 인간은 다 죄인이고, 다 잔인하고, 다 이기적이고, 다 저주 아래 있다. 그런데 왜 아프리카 사람들만 유독 일방적으로 더 비난당해야 하는가? 그들의 범죄 행위는 심각한 것은 사실이나 우리는 거기엔 어떤 원인이 있다는 사실을 직시해야 한다.

그들은 왜 이렇게 늘 범죄를 행하는가? 나는 주장한다. 사실은 아프리카만 그런 것이 아니라, 인도도 그렇고 중국도 그러하며 중동의 가난한 국가나 중남미와 동남아의 후진국들도 사실은 마찬가지라는 것이다. 그것은 가난과 더불어 잘못된 사회 구조와 부패한 정치로 인한 결과이지 결코 인종의 문제일 수 없다는 것이다.

더불어 나는 이렇게 단정한다. 아프리카 사람들, 흑인들은 원래 저렇지 않았다. 그들은 이 아프리카 대륙에서 수천, 수만 년을 살아오면서 별 문제 없이 수천 종족, 수만 부족이 평화롭게 공존, 공생하는 법을 배워 왔다. 남아프리카 일대에는 '사람됨'(humanness)을 의미하는 우분투(Ubuntu)의 정신이 그 땅을 지배했고, 우간다를 비롯한 중부 아프리카의 흑인 종족들 사회에서도 이와 비슷한 개념이자 정신인 우자마(Ujamaa)가 존재한다. 우분투란 뒤에 더 자세히 설명하겠지만, 우리 민족의 '두레'나 '정'과 유사한 개념이다.

오늘날 그들을 저렇게 만든 것은 사실은 식민 지배 국가들의 백인들이다. 그들은 군대를 동원해서, 때로는 돈과 물질로 아프리카 사람들을 굴복시켰고, 의도적으로 술과 마약을 뿌렸으며, 지도자들을 유혹해서 종족들을 이간질해 분쟁을 일으켰다. 이렇게 식민 지배 국가들은 돈, 술, 마약을 퍼트려 영혼을 마비시키는 전략을 구사해 왔고, 그것은 성공을 거두었으며 그 결과 흑인들의 정신은 철저히 망가지고 말았다.

또한 위의 우간다 선교사님의 편지가 말해 주듯이 많은 서양의 선교사들도 물질의 힘을 사용하며 선교를 해왔다. '무중구 실링기,' 즉 '외국인은 돈이다'라는 말이 생겨나게 한 책임은 다름 아닌 그 백인들에게 있다. 물질을 뿌린 선교사들 또한 자동적으로 돈이 많은 사람으로 인식되어 범죄 대상에서 피할 수가 없게 되었다. 그러므로 무작위적 아프리카 구호와 지원은 이제 삼가야 한다. 결국 저들을 굶주린 하이에나 떼처럼 만든 데에는 우리도 공동 책임이 있는 것이다. 나는 선교사의 한 사람으로서 진심으로 회개하며 저들에게 미안한 마음을 품고 있다. 저들의 범죄 행위를 볼 때, 특히 내가 그 범죄의 대상이 되어 당할 때 분노가 이는 것은 인간이기에 어쩔 수 없지만, 그들이 그런 사람들이 된 배경을 생각해 볼 때, 한편으로 정말 너무나 안타까운 마음을 금할 길이 없는 것이다.

아프리카는 스스로 문제를 해결하도록 측면에서 돕거나 혹은 그냥 둬야 한다. 그들은 자신들 가운데 만델라와 같은 인물이 나타나 스스로 문제를 해결할 힘을 가진 사람들이다. 선교사들은 오직 성경을 바르게 가르치고 '복음'만 증거하는 일에 집중해야 한다. 물론 너무나 당연히 필요한 경우 물질적 도움을 줘야 한다. 절대 빈곤 속에서 굶주리며 죽어 가는 사람들이 너무 많기 때문이다. 대한민국도 외부의 원조가 없었으면 스스로 일어날 수 없었을 것이다. 그런 이유로 나 역시 필요할 땐 약간의 구제의 일도 겸하고 있다. 그러나 무분별한 물질의 지원은 사람을 변화시키는 것이 아니라, 제자리에 머물러 있게 하거나 오히려 퇴보시킨다. 이 점을 명심한다면, 물질로 사람을 망치는 실수를 줄일 수 있다.

고아원에 냉장고가 없는 이유

선교지에서는 앞서 언급한 사례와 같은 수많은 악과 불의, 부정의의 문제에 부딪힌다. 주로 개인적 차원에서 당하는 일이나, 그것은 또한 사회 구조적 문제이기도 하다.

한때 남아공의 림뽀뽀(Limpopo) 주의 시골 지역에 있는 고아원 십여 군데를 몇 차례 도왔던 때가 있었다. 집에서 250킬로미터 정도 떨어진 지역이었기에 자주는 가지 못했으나, 그 지역을 정기적으로 방문해 자원봉사로 돕고 있던 어떤 한국인 대학생을 도와 내가 할 수 있는 범위 내에서 몇 가지 일로 섬겼다. 그 지역 모든 고아원들의 상황과 경영 상태는 최악이었다. 장부를 확인해 보니 정부 지원금이 끊긴 지가 2년이 되어 갔고, 재정이 없어 자체적으로 재원을 마련하고 텃밭에 옥수수, 채소 등을 심어 아이들을 먹이고 있었다.

놀라운 것은 그 어느 곳에도 냉장고가 없었다는 사실이다. 그 흔한 중고 냉장고 한 대도 비치하지 못한 채 고아원이 운영되고 있었다. 냉장고는 고아원에 중요한 필수 품목이다. 왜냐하면, 혹시 잉여 음식이 있으면 그것을 보관해서 아이들을 먹여야 하기 때문이다. 고아원 원장님들은 실제로 외부에서 어떤 분이 음식이나 고기를 지원해도 한두 끼 먹고 보관할 길이 없어 큰 고민이라고 했다. 남아공이 아프리카에서 가장 잘사는 국가이지만 시골 지역은 상황이 이토록 열악하다. 고아원 지원금이 끊긴 이유는 두 가지다. 첫째는 부정부패로 인해 중간에서 돈이 다 빼돌려진 것이고, 둘째는 실제로 그 림뽀뽀 주 정부가 너무 가난해 돈이 없기 때문이기도 하다.(남아공은 각 주의 경제적 격차가 매우 크다.)

나는 그 자원봉사 형제와 함께 이곳 한국인 사업가에게서 중고 냉장고 10여 대를 기증 받아, 트레일러에 싣고 올라가서 각 고아원들에 나눠 줬다. 이런 일에는 물질의 지원이 반드시 이루어져야 한다고 생각한다. 원장님들은 기쁨에 겨워 덩실덩실 춤을 추며 고마워했다. 그런데 일 년 뒤였다. 슬프게도 그 10여 개의 고아원 중 절반 이상이 결국은 문을 닫게 되었다. 재정난으로 더 이상 버틸 수가 없었던 것이다.

여기서 내가 경악한 사실은 이것이다. 남아공 시골 지역의 고아원들이 중고 냉장고 한 대도 없을 만큼 열악하여 많은 고아원들이 폐쇄되는 지경이 되었는데도, 국가 관료들의 연봉은 상상할 수 없을 만큼 엄청나다는 사실이다.

내가 아는 바로는 고급 관료들과 장관급 연봉이 5억에서 10억이나 된다. 이것은 아마도 우리나라의 비슷한 직급의 관료들의 연봉의 5배가량 될 것이다. 그 외에도 집권당의 직급이 낮은 관료들과 공무원들의 월급도 상상을 초월한다. 지난 2010년도 남아공 월드컵이 열렸을 때, 한국의 방송 신문 기자들이 남아공 국가 관료들이 받는 엄청난 연봉을 알게 된 뒤 나와 점심을 먹는 자리에게 이렇게 말했다.

"선교사님은 이런 나라를 뭐 하러 돕습니까? 자기들 호주머니 털어서 도우면 될 일 아닌가요?"

고아원에 먹을 것이 없고, 문짝이 너덜거려도 상관없을 냉장고 한 대도 없고, 재정이 없어 텃밭을 일구어 아이들을 먹이는 상황인데도, 나라 살림을 맡은 이들은 엄청난 연봉을 받아먹으며 자신들만의 잔치를 벌이느라 정신이 없다. 너무나 슬프게도 이들이 바로 이제 고인이 되신 만델라의 동지이자 후계자들이다.

현 남아공 대통령 주마(Zuma)는 2013년도에 280억 원이나 되는 돈을 들여 자신의 고향에 있던 저택을 리모델링했다. 그 저택의 건축비가 아니라 리모델링한 비용이 거의 300억이 들었다는 이야기다. 그 일로 그는 국민적 지탄을 받았다. 그가 대통령이 되기 전에도 그랬지만, 대통령 임기 중에도 항상 외국 기업들로부터 천문학적인 뇌물을 받아먹었다는 추문에 휩싸였다.

문제는 상황이 이러한데도 불구하고, 또한 야유를 퍼붓는 사람들이 많다 해도 여전히 남아공 국민 다수는 주마를 지지하고 부패가 극에 달한 현 집권당(ANC)을 지지하고 있다는 사실이다. 따라서 현재 그 누구도 그를 견제할 수가 없으며, 결국 2014년 5월에 그는 재선에 거뜬히 성공했다. 왜 그럴까? 바로 무지 때문이다. 또한 설사 그런 부정부패 사실을 안다 해도, 많은 사람들은 "그게 어때서? 딴 놈들은 깨끗하냐?"라고 되묻는다. 피해는 고스란히 자신에게 돌아오는데도 자신이 맹목적으로 따르는 인물이나 정파에 묻지마 지지를 보낸다. 도대체 문제가 뭔지 생각해 보려고도 하지 않는다.

나는 선교사지만 ABBA에서 공부하는 목회자와 목회 후보생들에게 관료들의 지나치게 높은 연봉과 고아원이 돈이 없어 문을 닫고 있는 이런 기막힌 현실을 말해 주면서, 남아공과 아프리카 땅이 변화하길 원한다면 만델라의 정신을 잇는 좋은 정치인에게 투표하고 그런 인물을 키워야 한다고 도전을 준다. 물론 선교사로서 현 대통령 주마를 반대나 지지한다는 말은 일절 꺼내지 않는다. 다만 언제나 좋은 사람을 지지하고 지도자를 양성하라는 도전을 준다.

부정부패와 권력가들의 자신들만의 돈잔치 속에, 민중들의 고통은 심화되고 있는 이 상황이 가슴 아플 뿐이다. 사실 이것은 대부분의 아프리카 국가들의 현실이기도 하다. 교회는 이 부분에서도 사명이 있다고 보아야 한다. 궁극적으로 하나님 나라의 복음을 통해 아프리카 땅에 훌륭한 국가 지도자들이 배출되어야 할 것이다. 선교사가 사람을 키워야 하는 이유가 여기에 또 있는 것이다.

"야, 임마" 라는 말을 듣는 아프리카

다음은 어떤 미국인 선교사님이 선교지에서 기록한 일기다.

00년 1월 11일.
"지난 몇 달간 도난당한 물건들이다. 고급 외투 1벌, 남색 조끼 1벌, 큰 터키 타올 1개, 남자 부츠 1켤레, 새 신사정장 웃옷 1벌, 여자 부츠 1켤레, 포켓 나이프 1개, 리본, 찻주전자 1개, 베갯잇 4장, 아기 옷들(흰 드레스 1벌, 플란넬 페티코트 1벌, 웃옷 2벌, 아기수건 9개, 깔개 1개), 강판 1개, 땔나무와 음식 등."

00년 12월 6일.
"나는 속이고 도둑질하고 미련한 이 사람들이 지긋지긋하다. 가끔 사람들이 언짢게 하는 통에 신경 쓰느라 머리가 지끈거리며 어찌할 바를 모르겠다. 무슨 물건을 사든 너무 속이기 때문에 진이 빠진다. 그러나 내가 왜 이리 적고 있는지 나도 모르겠다. 난 이 사람들을 사랑하고 이들을 위해 일하고 가르치는 걸 온전히 즐기며 큰 영광이라고 여긴다. 그러나 미국에 사는 것보다 더 빨리 늙고 흰머리가 더 많이 생기리라는 생각은 든다."

이곳은 어느 선교지일까? 아프리카? 그것이 아니라면 남미? 아마 십중팔구 아프리카가 머릿속에 가장 먼저 떠오를 것이다.

그러나 정답은 바로 '조선'이다. 이 일기는 약 100년 전의 우리 조상들, 즉 조선 사람들의 모습을 기록한 것이다. 1890년대에 미국 선교사 매티 노블의 일기 《매티 노블의 조선 회상》(닥터 홀의 《조선 회상》과 다른 책이다)에 나오는 내용이다. 이 모습이 현재의 아프리카, 남미, 인도의 상황과 뭐가 다를까? 그런데 사람들은 위의 일기의 내용은 유독 아프리카에만 적용된다고 생각한다.

이처럼 아프리카 대륙과 그 땅의 사람들에 대한 사람들의 편견은 무서울 정도로 뿌리가 깊다. 아프리카 사람들은 열등하고 미개하고 음흉한 범죄 지향적 사람들이라는 선입견이다. 심지어 선교사님들 중에도 이런 차별 의식, 자신에 대한 우월 의식을 갖고 있는 사람들이 꽤 있다.

일부이긴 하지만 다음과 같은 비인격적인 성품을 지닌 사람들이 실제 있다. 내가 몇 번이나 직접 경험한 일이다. 간혹 그분들이 현지인들을 향해 이렇게 말하곤 한다.

"야, 야, 너 임마…. 이 자식이 시킨 대로 안 하네…."

현지인들에게 한국말로 지껄이는 말을 그대로 옮긴 것이다. 그들이 한국말을 못 알아듣는다고 그렇게 소리친다. '야, 야'는 일상적이고, 중간중간 '임마', '이 자식', '저 자식'을 끼워 넣는다. 그런 언행이 습관이 된 선교사들은 나를 비롯한 다른 사람들이 주변에 있는데도 아랑곳하지 않았다. 나로서는 정말 용납할 수 없는 언행이지만, 그분들 앞에서는 차마 지적을 못하고 가슴에 담고 견뎌야 하곤 했다. 오히려 그분들은 대놓고 말한다.

"이렇게 안 하면 올라타요. 얘들은 이래야 말을 듣거든요."

남아공의 한인들은 4천~5천 명 정도 된다. 많은 분들이 사업을 하는데, 정말 열심히 사시고 참 존경할 만한 분들이시다. 그런데 간혹 어떤 분들은 이곳 현지인 일용직 노동자들을 '깜통'이라고 부르시곤 한다. 그런 이야기를 들을 때마다 마음이 찢어질 듯 아팠다.

선교는 인간에 대한 배려에서 출발한다. 이것이 기본이 되지 않는다면 처음부터 실패한 선교다. 어떤 선교사님은 성품과 열정이 남다르시고 대단히 건강한 의식을 지니신 분인데도 대화 중 의외로 이런 말씀을 하셔서 나는 깜짝 놀라기도 했다.

"흑인들은 인간애라는 것을 배워 본 적이 없어요. 역사적으로 그런 걸 배웠다는 흔적 자체가 없지요. 그러니 배우지 못해서 잔인하고 싸우고 상대에게 보복하는 문화가 발달해 있는 거예요."

내가 아는 한 이것은 틀린 말이다. 앞서 말한 대로, 중남부 아프리카 일대에는 '우분투'라는 정신이 있다. 이것은 아프리카의 중요한 가치관이다. 우분투를 한마디로 설명하면, '사람됨'의 정신이다. 인간은 이웃과 더불어 공존해야 인간이 된다는 의미를 포함한다. 그럼에도 그 선교사님은 아프리카 사람들에게 그런 정신과 가르침이 없으니 우리가 가르쳐야 한다고 주장하신 것이다. 나는 그분께 우분투를 설명해 드려야만 했다. 그분도 자신의 잘못을 깨닫고 즉각 시정하셨다.

어쨌든 이런 흑인 폄하 의식, 그들이 인종적으로도 열등하고 문화적으로도 원시적이기에 우리는 우월하다는 의식, 이것이 사실 어떤 선교사님들에게 큰 문제라고 본다. 그런데 이미 한국 사회뿐만 아니라 한국 교회부터가 아프리카와 아프리카 사람들에 대해 그런 무의식적인 차별 의식이 있다는 것을 느낀다. 이것은 사실 미국의 영향, 특히 늘 백인은 선한 주인공이자 영웅으로 등장하는 반면 흑인은 악당이거나 부정적 인물들로 등장하는 할리우드 영화의 영향도 지대하다.

그러나 이런 폄하 의식을 갖고 선교를 하면, 이미 그건 실패한 선교일 수밖에 없다. 왜냐하면 현지인들은 언어가 안 통해도 선교사의 태도를 통해 다 알기 때문이다. '야, 임마'는 단순한 소리의 나열이 아니다. 거기엔 인간만이 느끼는 감정이 담겨 있고, 그 걸 현지인은 분명하게 안다. 현지인들은 그걸 다 알아도 선교사 곁에 머물러 있다. 왜냐하면 받을 것이 너무 많기 때문이다. 그러나 선교사는 그를 그저 말 잘 듣는 착한 종으로 착각한다. 하지만 그 선교사가 떠나는 순간 남는 것은 아무것도 없게 된다. 결국 그 선교는 애초부터 실패한 선교인 것이다.

나 자신도 늘 조심한다. 행여 이 사람들을 무의식적으로라도 무시하고 있진 않나 자신을 돌아본다. 인간에 대한 차별과 폄하, 이건 하나님 앞에 큰 죄일 수밖에 없기 때문이다. 내가 저주받은 존재였고 형편없는 인간이었는데, 어떻게 이들보다 낫다는 우월 의식을 가질 수 있겠는가!

솔직히 이들에게서 배울 것이 정말 많다. 예컨대 이분들이 주일에 교회에 올 때 하얗고 파란 유니폼(교파마다 다양하다)을 입고 오는데, 그걸 볼 때마다 놀라곤 한다. 토요일에 미리 정성스럽게 빨아 다려서 입고 오기 때문이다. 그들의 예배에 임하는 자세다. 우리도 교회 오기 전에 이런 준비가 있어야 하지 않겠는가!

그들을 배려하고 존중하기 때문에 나는 '흑인'이라는 단어도 가능하면 안 쓰려 한다. 왜냐하면 이 단어에 이미 인종 폄하의 의미가 포함되어 있기 때문이다. 편의상 어쩔 수 없이 쓰는 경우라 해도 항상 이 단어가 적절하지 않음을 의식한다. 그래서 언제나 한국인들과 대화 중에서라도 '현지인'이라는 말을 쓰려 하고,

그들이 우리 집에 일을 하러 오더라도 최선을 다해 잘 대해 주려 애쓴다. 인건비도 조금이라도 더 넉넉히 주려 한다.

물론 현지인에 대해 우월 의식을 갖는 선교사가 다수라는 이야기가 아니다. 많은 선교사들은 겸손한 마음으로 이곳 현지인을 잘 섬긴다. 그러나 적지 않은 선교사들에게서 그런 모습이 발견된다. 나는 우리가 이 우월 의식부터 고쳐야 제대로 선교할 수 있다고 생각한다. 선교의 출발은 인간에 대한 배려이기 때문이다.

흑인의 인종적 열등론

앞서 이야기한 대로, 나는 아프리카 사람들이 근원적으로 더 악하고 열등하고 게으르다는 생각에 동의하지 않는 사람이다. 그런데 그런 주장이 심심찮게 등장해 왔다. 1953년에 두 사람의 생물학자, 제임스 왓슨과 프랜시스 크릭이 DNA 나선형 구조를 완벽히 밝혀냈다. 그들은 이 놀라운 업적으로 1962년 노벨 생리학상을 받았다. 대학에서 생물학을 전공한 나는 이것이 얼마나 대단한 업적인지 잘 안다. 이후 생물학은 유전학을 중심으로 급속도로 발전하여, 오늘날 줄기세포와 유전자 조작 기술에 이르게 된 것이다.

이중 제임스 왓슨에 주목하려 한다. 글의 편의를 위해 '흑인'이라는 단어를 사용하겠다. 2007년도에 왓슨은 영국 〈썬데이 타임〉과의 인터뷰에서 흑인은 유전적으로 지능이 떨어지기에 모든 인종의 지적 능력이 동일하다는 전제하의 현재의 아프리카 정책은 재고되어야 한다고 말해 파문을 일으켰다. 이 발언으로 그의 모든 강연 일정은 취소되고, 재직 중이던 연구소장직도 내놓아야 했다.

왓슨은, 사람들은 모든 인간이 평등하다고 생각하려 하지만 흑인 직원들을 다뤄 본 사람들은 사실이 아니라는 것을 안다며 인간 지능의 차이를 만드는 유전자가 10년 안에 발견될 수 있다고 말했다. 왓슨은 자신의 책 《지루한 사람과 어울리지 마라》(Avoid Boring People)에서도 "진화 과정에서 지리적으로 갈라졌는데도 인간의 지능이 똑같이 진화했다고 기대할 어떤 명확한 이유가 없다"라고 주장했다. 히틀러가 게르만 민족의 우수성을 내세우며 유대인과 집시들의 인종 학살을 자행한 근저에는 이런 진화론적 우생학이 뿌리내리고 있다. 인류는 인종적 우열이 존재하며 결코 평등하지 않다는 사고다.

사실은 여러 백인 학자들이 이런 주장을 끊임없이 제기해 왔다. 이미 19세기에 토머스 헉슬리(Thomas Huxley)는 "이성이 있는 사람이라면 흑인이 백인과 동등하다고 생각하지 않을 것이다"라고 말했다. 미국의 인종주의자인 퍼트넘(Carleton. Putnam)이란 사람은 "흑인이 백인처럼 진화하려면 거의 무한대의 시간이 필요하며 5천억 년이 지나야 돌연변이와 자연선택에 의해 흑인이 백인을 능가할 수 있다는 가능성을 인정해야 할 것이다"라고 주장했다. 또한 어떤 백인 과학자는 흑인의 폭력성은 유전적이고, 언젠가 DNA 연구를 통해 흑인 인종의 폭력 유전 인자가 결국 발견될 것이라고 말했다.

재미있는 것은 제임스 왓슨이 일반 백인보다 16배나 많은 흑인 유전자를 지닌 것으로 드러났다고 영국의 일간 〈더 타임스〉(2007년 12월 9일자)가 보도한 것이다. 나아가 인터넷에 공개된 왓슨의 게놈지도를 분석한 아이슬란드의 생물 약제 기업 디코드는 왓슨의 흑인 유전자 비율은 "증조부모 중 한 명이 흑인인 사람에게서 나타날 수 있는 것"이라며 "왓슨한테서 이런 결과가 나오다니 매우 놀랍다"라고 말했다.

이런 상황에서 오바마가 비록 혼혈 흑인이긴 하지만 미국 최초의 대통령이 되고, 또한 연임에 성공한 대통령이 되었다는 사실은 많은 것을 시사해 준다. 이 자체가 대단히 역사적인 사건인 셈이다. 실제로 흑인이 유전적으로 지능이 열등하다는 것은 사실로 밝혀진 적이 없다. 여러 연구는 오히려 지능이 사실 개인차가 크고 집단적으로는 환경적 요인이 가장 크다는 것을 말해 준다. 어느 집단이든 교육 수준에 따라 평균적 지능 지수가 달라질 수 있다는 것이다.

IQ 문제와 관련하여 제임스 플린(James Flynn)이라는 사람은 1950년대 젊은이보다 1980년대 젊은이의 IQ가 훨씬 높다는 사실을 밝혀냈다. 이것은 백인에 국한되지 않고, 모든 인종과 지역에서 공통적인 현상이었다. 이것을 '플린 효과'라 부른다. 이에 따르면, 예컨대 현재 미국의 10대 아이들의 IQ가 100이라면 할아버지 세대는 80이다. 그런데 1900년대 10대들은 IQ가 70이다. 오늘날 IQ 검사 방식과 기준에 따르면, 100년 전 미국인의 상당수는 지진아였던 셈이다.

이것은 오늘날 IQ 측정이 얼마나 서구의 합리적 사고와 후천적 교육의 영향을 받는지를 잘 보여 준다. 실제로 우리는 학력 수준이 낮으신 우리의 할아버지 할머니를 은근히 지능이 떨어지시는 것으로 생각하며 답답해하는 경우가 있다. 그러나 그것은 전적으로 우리의 착각이다. 실제로 인종을 떠나 교육 수준이 매우 낮은 빈민촌과 빈민국의 지능지수는 대단히 낮게 나온다. 많은 자료가 그것을 분명히 말해 준다.

인종의 유전적 지능 차이, 이것을 반박할 수 있는 또 하나의 증거가 있다. 바로 입양아를 기준으로 연구한 자료다. 이 경우 동양 아이들은 약간 더 높고 흑인 아이들이 약간 떨어지나 1~2포인트 차이로, 유의미한 인종별 차이가 거의 나타나지 않는다.

최근 지능 측정의 결과는 동양인이 가장 높게 나온다. 도시국가인 싱가포르를 제외한다면, 한국인이 전 세계 1위이고, 일본과 북한, 중국, 대만이 2~5위를 차지한다. 노벨상의 30퍼센트 정도를 수상해 온 유대인의 경우 의외로 평균 지능은 평범한 수준으로 알려져 있다. 유대인의 노벨상 수상 비결은 생존을 위한 교육적 투자와 자본의 힘, 그리고 어릴 때의 토라 교육과 가정에서의 개방적 토론 문화에 따른 창의성의 발달에 그 원인이 있는 것으로 보인다. 그러나 그중 소수의 우수한 두뇌에 대한 집중 투자가 오늘의 유대인 노벨상 업적의 비결이라 할 수 있다.

여기서 한 가지 생각해 볼 것이 있다. 만일 동양인이 인종적으로 지능이 높다면, 동아시아에서 건너간 것으로 알려진 아메리카 원주민들도 그러해야 할 것이다. 그러나 북미의 인디언과 아즈텍 및 마야인들은 문명의 격차가 아주 크고, 아마존 원시림에 사는 원주민들도 혈통적으로 아시아 인종과 가까움에도 원시 상태를 아예 벗어나지 못한 채 살아왔다. 또한 우리와 같은 혈통이라 알려진 몽골인들은 어떻게 생각해야 하는가? 이것은 결코 인종 간의 유전적 지능 차이로 설명할 수 없는 현상이다.

동양인들의 높은 지능지수는 어릴 때부터 극성인 동양의 맹렬한 교육열의 결과일 수 있다. 북한만 해도 오래도록 유치원 의무 교육을 비롯해 기초 교육에 집중 투자를 해왔다. 어쨌든 입양아 기준일 경우 흑인의 평균이 약간 떨어진 것으로 나타났지만, 흔히 네 살 이전의 교육 환경이 중대하다는 과학자들의 설명을 감안하면 역시 입양 전의 환경적 요인이 크게 작용했을 가능성을 배제하지 못한다.

내가 알기로 노벨 과학상 분야에서 흑인이 수상한 적은 없다. 그런데 나는 여기에는 세계 유수의 대학의 교육 환경과 그것을 백인이 오래 독점한 것이 영향을 미쳤다고 본다. 여기엔 인종적 편견도 작용했을 것이며, 어릴 때부터 교육 환경이 다른 영향도 있다고 추론해 본다. 어쩌면 흑인이 그토록 음악성과 예술성이 뛰어남에도 유명한 성악가에는 끼지 않았다는 사실도 이와 비슷한 이유 때문일지 모른다.

참고로 노벨상이 제정되기 전, 땅콩 박사 조지 와싱턴 카버는 노예 출신이라는 원천적인 불우한 환경을 딛고 흑인으로서 노벨 과학상 세 개쯤은 받을 만한 큰 업적을 남겼다. 그리고 그토록 똑똑하다는 한국인들도 아직 과학 분야의 노벨상은 받지 못하고 있다. 창의성을 가로막는 교육 환경이 큰 원인인 것이다. 이런 상황에서 어쩌면 한국인보다 흑인이 먼저 노벨 과학상 분야에서 수상할지 모를 일이다.

한편 IQ 측정은 서구적 사고방식을 기준으로 한 것이기 때문에 여러 측면에서 객관적이지 못하다. 예를 들면 과학자들은 어떤 아프리카 부족을 상대로 야채, 음식, 도구, 용기, 옷 등을 늘어놓고 같은 범주로 분류해 보라 했다. 과학자들에게 정답은 옥수수와 감자가 같은 범주여야 했다. 그러나 그 부족은 감자와 칼을 한 범주로 분류했다. 서구적 사고에 따르면 이것은 틀린 것이다. 하지만 그 부족의 사람들은 칼로 감자를 깎으니 현명한 사람은 당연히 그렇게 분류해야 한다고 설명했다. 과학자들이 '바보라면 어떻게 분류할까요'라고 물으니, 부족민들은 서구인에게 '정답'인 분류 방식을 바보스런 것으로 말했다. 즉 옥수수와 감자를 같은 범주로 한데 묶으면, 그 아프리카 부족은 그것을 바보 같다고 말하는 것이다.

이것은 서구인이 개체와 사물 중심의 분석적 사고를 한다면, 아프리카나 동양인은 관계와 사건 중심의 통합적 사고를 한다는 것을 시사한다. 그들은 '칼로 감자를 깎는다'는 사건 속에 나타난 사물들의 상호 관련성을 보는 것이다. 흥미롭게도 이것은 '활'과 '과녁'의 관계 속에서만 '활'의 개념이 정의될 수 있다는 현대의 구조주의 철학의 인식론의 한 측면이기도 하다.

이렇듯 인간은 다양한 방식으로 사물을 인식하고 사고한다. 뉴턴은 사과가 떨어지는 것에서 만유인력의 법칙을 찾아냈지만, 아프리카 사람이나 동양 사람들은 그 사과와 사과나무의 관계, 그리고 땅과의 질서를 찾아내는지도 모른다. 별을 보고 과학자들은 별의 광도와 온도, 거리와 크기를 말할지 모르나, 시인은 그 별을 보고 '별이 운다'고 말한다. 누가 더 별을 잘 아는 것일까? 인간은 사고하는 방식이 서로 다른 것이다.

아프리카 사람들이 시간관념이 별로 없는 이유도 사건 중심의 사고 때문이라 할 수 있다. 그들에게는 어떤 행사가 몇 시에 시작되는지가 중요한 것이 아니라 그 행사가 진행되는 것 자체가 중요하기에, 늦게 시작해도 아무런 문제가 없으며 끝나는 시간이 정해져 있지 않아도 태연하다. 그러니 예배를 몇 시간을 드리고 때론 하루 종일도 드리는 것이며, 오히려 짧은 예배는 그들에게 뭔가 허전한 여운을 남긴다. 하나의 사건이 발생하다 만 것 같기 때문이다.

또한 인간의 능력을 지능으로만 평가하는 것도 문제다. 흑인이 특정 분야를 제외한 모든 분야에서 운동 능력이 남다르다는 것은 정평이 나 있다. 참고로 테니스와 수영은 흑인 챔피언이 거의 없는데, 그 종목들의 경우 백인 체형에 더 잘 맞기 때문인 것으로 알려져 있다. 운동 능력 또한 인종별로 각각 우수한 종목이 다르다는 것이다. 내가 경험한 흑인들은 음악적 감각과 몸의 리듬감이 천부적이다.

현재 인종학에 따르면 모든 인종간의 유전자의 차이는 인종간 격차가 최대라 해도 불과 0.1퍼센트에 지나지 않는다. 즉, 99.9퍼센트가 일치하는 것이다. 어쨌든 현재의 방식에 따른 지능지수의 차이가 후천적 교육에 크게 좌우되는 것이라면, 인종간 지능적 차이, 특히 흑인의 지능이 유전적으로 떨어진다는 것이 과학적으로 증명되지 않은 지금 이것이 흑인 열등론의 근거로 작용해서는 안 된다.

한편 흑인에게 공통적으로 폭력 유전 인자가 존재한다는 가설도 어이없는 주장이다. '폭력 인자.' 이것은 모든 인간이 공통적으로 갖고 있는 근본적인 죄성에 기인한다. 우리 안에 모두 히틀러가 있는 것이다. 그래서 제2차 세계대전 당시 독일 국민 대다수가 히틀러가 된 것이다.

그리고 앞서 말한 대로 냉정히 살펴보아도 인류 역사 속에서 가장 잔인한 일을 해온 인종은 다름 아닌 백인들이다. 수많은 전쟁과 세계대전들을 거듭 일으킨 인종이 백인이며, 가장 잔혹한 학살극을 벌인 주체도 백인이다. 이러니 도대체 누가 더 유전적으로 인종적으로 폭력적이라는 건가? 차라리 백인의 폭력 유전자를 찾아보는 것이 어떨까?

놀라운 사실은 아프리카 사람들이 더 폭력적이고 전쟁을 벌이는 성향이 더 강하다는 편견은 심지어 대단히 균형 잡힌 친-아프리카적인 성향을 지닌 저술가들에게서도 나타난다는 점이다. 유명한 책인 《선교사 열전》의 저자 루스 터커는 아프리카가 선교사들이 들어오기 전에 쓸데없는 전쟁이 끊이지 않은 대륙이었던 것으로 묘사한다. 심지어 아프리카에 대한 인식을 바꾸어 준 《처음 읽는 아프리카의 역사》의 저자 루츠 판 다이크 또한 아프리카 역사와 문화와 삶을 대단히 긍정적으로 기술하고 있지만, 약간의 비슷한 인식이 엿보인다.

아프리카는 부족간에 크고 작은 분쟁이 늘 있었지만 다른 대륙에 비하면 전쟁과 살육이 아주 제한적으로 발생한 대륙이다. 즉 지난 수천 년간 문명이 발달한 대륙에서 크고 작은 나라간에 땅을 뺏기 위한 대규모 전쟁과 학살극이 끊임없이 일어났으나, 그에 비하면 아프리카는 오히려 평온한 대륙이었다.

한편 흑인은 게으르고 미래를 대비하지 않는다는 인식도 알고 보면 환경에 따른 문화 차이로 이해될 수 있다. 내가 볼 때 그들은 게으르기보다는 느리다. 경쟁이 없는 환경 속에서 빨라야 할 이유를 별로 느끼지 못하며 살아왔기 때문인 것으로 보인다. 유목민도 있지만 대부분 사냥감과 야생 식물이 풍부한 수렵 채집이 주된 삶의 양식이었기에, 미래를 대비한 저장이 절박한 문화가 아니었다. 따라서 그들의 삶은 미래 지향적이기보다는 현실 지향적이고, 내세 지향적이기보다는 현세 지향적이다.

그래서 한 달 월급을 받으면 즉각 다 털어서 비싼 구두를 사서 신는 것이 그들에겐 흔한 일상의 삶의 모습이다. 우리로선 도무지 이해하지 못할 풍경이다. 분명히 서구 문명을 받아들이며 사는 시대이기에 이제는 그들도 더 이상 그래선 안 되고 삶의 방식과 세계관도 지혜롭게 바뀌어야 한다. 그래서 나는 틈만 나면 그들에게 바뀌어야 한다고 가르치지만, 우리가 이해하기 어려운 그들의 삶의 양식은 나름의 이유가 있었던 것이다.

이런 주장을 통해 나는 흑인이 백인이나 황인보다 더 낫다고 말하는 것이 아니다. 내 말의 요지는 인간은 모두 똑같다는 것이다. 나는 확신하는 바가 있다. 만일 백인 대신 흑인이 세계 패권을 차지하고 지배 인종이 되었다면, 흑인도 마찬가지로 백인을 다 잡아다 노예로 부려먹었을 거라는 이야기다. 즉 인간은 모두 같고, 똑같이 죄인이고, 똑같이 폭력 유전자, 죄인 유전자를 공유하고 있다는 것이다.

　하나님 앞에서 내가 우월한 것이 무엇이고 더 나은 것이 뭐란 말인가? 우리는 다 죄인이고 연약하고 무능할 뿐이다. 흑인들을 향해 선교를 할 때 이 마음을 품지 못하면, 다시 강조하건대 우리는 이미 시작부터 실패한 것이다.

흑인 저주론, 흑인의 팔자다?

아래의 말 또한 어떤 남아공 선교사님과 대화 중에 실제로 들은 내용이다. 그대로 옮겨 보겠다.

"흑인은 저주를 받은 겁니다. 함이 흑인의 조상 아닙니까? 흑인이 저주를 받았기에 오늘날 저렇게 살고 있는 겁니다. 흑인은 할 수 없어요. 저렇게 살 운명이고 팔자입니다. 우리가 그들에게 선교를 한다 해도 이건 어쩔 수 없는 사실입니다."

나는 이런 주장을 '흑인 저주론'이라고 부른다. 위의 말은 믿기 어렵게도 아주 오래도록 남아공을 섬겨 온 어떤 선교사님의 입에서 나온 발언이다. 여러 사람이 있는 곳에서 그런 발언을 했기에 만일 반박하면 서로 불편할까 봐 그때도 그냥 조용히 듣고만 있었다. 그러나 참으로 이해하기 어려웠다. 그러면 그는 왜 아프리카 선교를 하고 있단 말인가? 물론 아프리카 선교사들 다수는 그런 생각을 갖고 있지 않다. 다만 일부 선교사들이 흑인의 인종적 열등론과 더불어 심지어 저렇게 흑인 저주론을 여과 없이 받아들이는 것이다. 문제는 한국 교회와 사회다. 오늘날 흑인 저주론은 여전히 한국 교회에 깊이 뿌리내려 있다. 이 흑인 저주론은 앞선 글, 흑인 열등론과 깊은 관련이 있다.

    이 흑인 저주론의 역사는 뿌리가 깊다. 이미 고대부터 유대 랍비들은 함의 후손들이 저주를 받아 피부색이 까매졌으며 노예로 부려도 되는 인종이라고 기록했다. 13세기의 유대교 주석인 〈미드라쉬 랍바〉에도 동일한 기록이 존재한다. 이런 생각은 이슬람도 예외가 아니었다. 이슬람 학자들은 유대 랍비들의 주석을 인용하여, 1,500만이나 되었던 것으로 추론되는 이슬람 세계의 대규모 흑인 노예 징집을 정당화했다. 아프리카인들의 노예화는 근세 유럽인들 이전에 이미 이슬람 세계에서 광범위하게 이루어지고 있었던 것이다.

    근세 들어 흑인 저주론은 더욱 견고해졌다. 백인들은 인종적 우월성을 입증하고 노예 제도와 식민주의의 합리화 및 정당화를 위해 의도적으로 조작한 거짓된 신학적 교리를 정교하게 체계화한 것이다. 이 몰염치한 인종주의 신학은 그 뿌리가 깊고 종파를 초월해 광범위하게 전수되어, 몰몬교의 경우 최근까지도 흑인 저주론 교리를 고수하며 흑인에겐 구원이 없다고 가르쳐 오다가 1978년에 들어서 새로운 계시가 주어졌다고 주장하며 비로소 폐

지했다. 문제는 이런 저주받을 흑인 저주론이 오래전부터 유럽과 미국 교회에 널리 퍼지고 결국 한국으로 건너와 오늘날까지 한국 교회에 뿌리가 깊게 박혀 있다는 점이다.

여전히 많은 한국 교회 성도들과 목회자들은 흑인을 저주받은 인종이라 생각하고 있다. 심지어 한국의 유명한 방송 성경 강좌에서 어떤 구약 교수의 입에서 버젓이 주장되었을 정도다. 한때 젊은이들의 우상으로 대형 교회를 일으켰던 어떤 목사의 입에서도 흑인 저주론은 여과 없이 설파되었다. 이렇듯 신학자와 목회자들의 입에서조차 과거에 학습된 것이 그대로 나오는 것이다. 그들의 설교와 저서의 파급 효과란 실로 엄청나다. 하지만 이런 의도적으로 날조된 교리를 검증 없이 가르치고 설교하는 것은 그야말로 무지로 인한 것이며, 또한 흑인에 대한 인종적 우월감에서 비롯된 것이다.

흑인 저주론의 성경적 근거는 전적으로 왜곡된 것이다. 창세기 9장에 나오는 노아 가문에서 발생한 문제의 사건을 설명하자면 이렇다. 노아가 술에 취해 하체가 드러난 채 잠이 들었다. 이때 그것을 발견한 함은 셈과 야벳을 데리고 와서 노아의 모습을 구경시키지만, 셈과 야벳은 오히려 그 드러난 아버지의 하체를 덮어 준다. 이로 인해 노아는 함을 저주한다. 바로 이것이 흑인 저주론의 성경적 근거다.

창세기 10장을 보면 함이 흑인의 조상인 것은 분명하다. 그래서 흑인은 저주를 받은 것일까? 결코 그렇지 않다. 함에게는 네 명의 아들이 있었다. 구스, 미스라임, 붓, 그리고 가나안이다. 창세기 10장에는 이 네 아들에서 비롯된 후손들과 종족들이 등장한다. 이중에 구스가 오늘날 에티오피아인의 조상으로서 흑인의 조상이다. 구스를 통해서 그 외에도 많은 종족이 유래된다. 니므롯을 비롯한 일부 후손은 중동 지역으로 퍼져 나갔다고 창세기 10장에 기록되어 있다.

    미스라임은 이집트인의 조상이고, 그에게서 블레셋을 비롯하여 많은 종족이 유래했으며 아마 시간이 지나며 구스의 후손과 뒤섞이면서 흑인 종족의 일부가 여기서 나온 것으로 보인다. 붓은 북부 아프리카 종족들, 즉 알제리와 튀니지 사람들의 조상으로 간주된다. 피부색은 흑인이 아닌 오히려 적갈색 계통의 인종으로, 성 어거스틴을 비롯해 동방의 위대한 교부들의 인종이었던 베르베르 족이 대표적으로 이 붓 종족에 속한다. 그런데 붓의 후손들도 인종이 섞이며 일부 흑인 종족들이 그들로부터 유래되었을 것으로 추정된다. 구스, 미스라임, 붓이 아프리카 대륙의 인종이니 충분히 가능한 이야기다.

    마지막으로 가나안 종족이다. 창세기 10장에 11개의 가나안 종족이 등장하는데, 이들은 모두 가나안 땅에 흩어져서 살고 있었다. 그런데 노아가 함을 저주할 때, 함의 네 아들들 중 가나안에 대해 이렇게 말한다.

"가나안은 저주를 받아 그의 형제의 종들의 종이 되기를 원하노라"(창 9:25).

여기서 당장 두 가지 문제가 거론될 수 있다. 우선 술 취한 노아가 자신이 잘못했으면서 무슨 저주를 내릴 자격이 있냐는 문제이다. 이것은 우리의 초점과 다른 주제이니 일단 거론을 보류한다. 두 번째로 지적되는 것은 이 저주는 하나님이 아니라 노아가 퍼부은 것이니 하나님의 저주와 상관없다는 것이다. 하지만 구약 전통에서 하나님이 부여한 장자만의 특권이었던 축복과 저주권을 볼 때, 이것은 노아를 통한 하나님의 저주로 보아야 할 것이다.

그런데 이 저주가 누구에게 내려졌는가? 이 함의 저주는 다름 아닌 가나안에게 귀착된다. 네 아들 중에 가나안이다. 그런데 가나안은 전혀 흑인의 조상이 아니다. 가나안은 앞서 언급한 가나안 땅에 흩어져 살던 여러 부족의 조상이었다. 즉, 함의 저주가 다른 아들들과 상관없이 가나안에게 흘러간 것이다. 가나안은 단지 함의 아들일 뿐인데 아버지의 죄 때문에 아들인 자신이 저주를 받으니 너무 억울한 것 아닌가? 이 문제도 별개의 신학적 논쟁으로서 여기서는 일단 제외한다. 어쨌든 가나안이 저주를 이어받는다. 따라서 이 저주는 전혀 흑인과 상관이 없는 것이다. 그럼에도 오늘날까지 함이 흑인의 조상이기 때문에 흑인이 저주받았다는 말도 안 되게 조작된 신학적 주장과 그에 근거한 설교가 널리 만연된 것이다.

더구나 가나안에게 내려진 저주는 이미 구약 성경 내에서 성취되었다. 이상하게도 흑인 저주론을 반대하고 거부하는 설명들에서조차 이 사실이 거론되지 않는 것을 본다. 그러나 이건 결정적인 증거다. 구약성경에서 몇 차례 이렇게 언급된다.

"가나안 족속이 오늘까지 에브라임 가운데에 거주하며 노역하는 종이 되니라"(수 16:10).

"이스라엘 자손이 강성한 후에야 가나안 족속에게 노역을 시켰고 다 쫓아내지 아니하였더라"(수 17:13).

"곧 이스라엘 자손이 다 멸하지 못하므로 그 땅에 남아 있는 그들의 자손들을 솔로몬이 노예로 역군을 삼아 오늘까지 이르렀으되"(왕상 9:21; 대하 8:8).

보는 바와 같이 이 저주의 예언은 이미 분명하게 실현되었다. 이스라엘 백성은 가나안 땅에 들어가면 모든 가나안 족속을 멸절하라 했지만 일부를 멸하지 않고 남겨 두었다. 그 살아남은 가나안 족속들이 이스라엘의 종노릇을 한 것이다. 불완전한 멸절은 이스라엘의 불순종이긴 했으나, 하나님은 그것마저도 이미 예언하신 것이다.

이렇게 가나안에 대한 저주는 이미 성취되어 이 저주의 유효성은 종료되었다. 따라서 이 저주는 흑인은 고사하고 더 이상 그 누구에게도 적용될 수가 없다. 설사 이 저주가 종료되지 않았다 하더라도, 예수 그리스도의 십자가의 죽으심으로 인간을 향한 모든 저주가 종식되었기에 그 어떤 경우라도 이 저주는 '유통기한'이 끝난 것이다. 그 이전에 명백히 구약 성경 내에서 성취되었으니 그렇게 말할 필요조차도 없지만 말이다.

그런데도 왜 흑인이 저주를 받았다는 것인가? 흑인은 저주받은 인종이 아니다. 그건 백인 우월주의에서 조작되어 나온 백인들의 폭력신학이었다. 사실 저주는 우리 모두가 받았다. 우리 모든 인간이 죄인으로 죄 아래 있고, 심판 아래 있으며 저주 아래 있는 것이다. 우리가 흑인이나 동남아 사람들보다 더 잘난 것이 없다. 성경이 선언하고 있지 않은가?

"그러면 어떠하냐 우리는 나으냐 결코 아니라 유대인이나 헬라인이나 다 죄 아래 있다고 우리가 이미 선언하였느니라"(롬 3:9).

우리는 결코 더 나은 것이 없다. 다 같은 죄인이다. 죄인이면 다 똑같은 죄인인 것이지, 흑인은 더 죄인이고 우리는 덜 죄인일 수 없다. 모든 사람이 죄로 인해 저주 아래 있다. 이렇게 죄인이었던 우리가 구원받았으면 다 같이 의인인 것이지, 흑인은 덜 의인이고 백인은 더 의인인 법은 없는 것이다. 그럼에도 아프리카 사람들과 못사는 나라의 사람들에 대한 우월 의식과 교만은 특히 한국인들에게 심각하다. 그와 정반대로 한국인들은 잘사는 백인들에 대해서는 굴종적 사대주의 근성을 가지고 있다. 이 또한 얼마나 큰 범죄인가!

몇 해 전 어느 정당의 거물급 정치인이 아프리카 무용 예술

단을 초청해 장기 계약을 해서 한국에 머무르게 했는데, 그들에 대한 처우가 상상도 못할 만큼 비참할 정도여서 큰 충격을 줬다. 결국 2014년 초 그들이 그 실상을 밝히며 도움을 호소하는 기자 회견을 했다. 한 청년은 커다란 눈망울에 눈물이 한가득 그렁그렁 고인 채 이렇게 호소했다.

"저는 이대로 아프리카로 돌아갈 수 없습니다. 저의 부모님과 가족은 고향에서 제가 돌아오기만을 기다리고 있습니다. 그러나 저는 빈손으로 돌아갈 수 없습니다. 제발 우리를 도와주십시오."

가슴이 미어졌다. 그리고 너무나 미안한 마음이 들었다. 몇 번이고 그 정치인을 대신해서 마음으로 사과를 했다. 하지만 비단 그 정치인만의 문제가 아니다. 우리 한국 사람들 의식의 저변에 아프리카 사람들에 대한 이런 편견이 깊게 깔려 있는 것이다.

그러나 앞서 이야기했듯이 우리도 과거에 그랬다. 불과 100여 년 전, 당시 조선 사람들은 강한 독립심과 명예를 소중히 여기는 의연함 등 뭔가 남다른 점이 있었던 것은 사실이나, 선교사들의 재산을 수도 없이 훔치고 갈취하고 사기를 친 점에서는 다른 가난한 나라 사람들과 그리 다르지 않았다. 조선 시대 말기의 서양 선교사들이 찍은 사진들과 그들의 기록을 보면, 하얀 옷을 즐겨 입은 조선 사람들의 옷은 색깔만 하얗지 그야말로 너무나도 남루하고 더러웠다. 어떤 서양 선교사는 조선 백성들이 사람인지 짐

승인지 구분이 안 갈 정도라고 말하기도 했다. 가까이는 불과 60년 전만 해도 우리는 일제의 수탈과 한국전쟁으로 인해 세계 최빈국으로 가장 낙후된 거지 나라였다. 당시 우리도 더럽고 냄새가 났고, 쓰레기통과 미군 부대의 잔반통을 뒤져 먹을 것을 찾아 허기를 달랬던 민족이었다.

그런데 지금 대한민국은 하나님의 은혜로 오늘 이렇게 세계에 우뚝 선 나라가 되었다. 하지만 먹고살 만하게 된 지가 얼마나 되었다고 벌써 과거를 잊었단 말인가? 아프리카 사람들을 '깜둥'이라 부르는 이 무서운 교만과 우월감, 반면에 백인들 앞에서는 지나친 굴종과 열등감…. 이것은 정말 우리 민족이 하나님을 두려워하며 회개해야 할 일이다.

하나님께서는 이스라엘 백성들에게 너희가 애굽 땅에서 종살이하던 때를 기억하라고 수도 없이 말씀하신다. 그들이 종노릇하며 학대당하고 수난 받았던 때를 기억하며, 나그네와 고아와 과부, 거처 없는 이방의 체류민을 자신의 민족처럼 돌보라고 명하신다. 우리 민족도 가난했던 과거를 잊어선 안 된다. 나는 김구 선생께서 말씀하신 대로 우리나라 대한민국이 문화적 수준이 높은, 인간의 가치를 가장 우선시하는 '아름다운 나라'가 되면 좋겠다.

어쨌든 이 흑인 저주론은 하루 빨리 폐기되어야 한다. 이런 거짓된 교리가 더 이상 가르쳐져선 안 된다. 특히 흑인 저주론을 믿으면서 아프리카 선교를 한다는 것은 있을 수 없다. 그건 애초부터 모순인 것이다. 앞서 선교의 출발점은 사람에 대한 배려라고 말했다. 그렇다면 이 땅의 사람들, 즉 흑인에 대한 인종적 편견, 폄하 의식, 그리고 저주론부터 걷어내야 한다. 그렇지 않으면 우리의 아프리카 선교는 처음부터 실패인 것이다.

검은색은 사악한가?

흑인에 대한 편견을 거두기 위해서는 한 가지 문제가 더 거론되어야 한다. 바로 색깔 자체에 대한 편견이다. 즉 검은색은 악하고 음산한 사탄의 색깔이고 흰색은 밝고 생기 있는 천사의 색깔이라는 생각이다. 이 문제에 대해 먼저 성경을 살펴보자.

성경의 '검은색'에 해당하는 히브리어 '샤호르'(형용사) 혹은 '샤하르'(동사)는 언제나 중립적이다. 다만 아가서 1장 5절에서 술람미 여인의 한탄, "나는 검으나 아름다우며"라는 표현이 있는데, 이것은 피부 자체가 검은 것이 아니라 노동으로 그을린 피부를 가리킨다. 어떤 영어 성경은 이것을 "나는 검고 아름다우며"로 번역하여 검은 피부의 술람미 여인이 아름다웠음을 나타내려 하나, 이어지는 구절들을 살피면 포도원의 중노동으로 피부가 그을린 면에서는 부정적인 것이다. 어쨌든 여기서 이 '검다'는 인종의 피부색을 말하는 사례가 아니다. 나아가 설령 그것이 '검은 피부'를 가진 여인에 대한 묘사라 해도, 왕이 그 여인에게 사랑에 빠져 왕비로 삼으려 하고 있음을 인식해야 한다.

내가 찾아본 한에서 그 '검다'라는 단어는 성경에서 대부분 중립적인 표현이다. 예컨대 흰 말, 홍 말, 청색 말, 흑색 말과 같은 표현에서 나타나는 바와 같이 여러 색깔 중의 하나다. 다만 성경에서는 흔히 '어둡다'가 부정적 단어로 사용된다. 히브리어 '호쉐크'와 거기서 파생된 단어들이다. 그런데 이것은 언제나 빛이 없는 상태를 가리킨다. 창세기 1장에서부터 '빛'과 '어두움'이 등장하는데, 그처럼 어두움은 빛이 없는 상태를 말한다.

그런데 여기서 다들 흰색의 상태를 광명, 즉 빛이 있는 상태로 착각한다. 그러나 광명의 상태는 모든 종류의 빛깔과 색깔이 찬란하게 드러난 상태를 말한다. 이때 검은색도 이 광명의 상태에서 한 가지 색의 역할을 감당한다. 천국에서는 이 검은색도 온갖 색깔과 더불어 사방에 장식되어 있는 것은 당연할 것이다. 이처럼 검정은 하나님의 창조의 빛의 하나로 아름다운 것이다. 다만 하나님의 보좌가 '백 보좌'로 묘사되어 있고 또한 흰색이 여러 긍정적인 이미지로 나타나는 것은 사실이다. 그러나 그것이 검은색을 배척하는 것을 의미할 수 없다. 그런 식이면 다른 색깔도 다 배척되어야 하기 때문이다. 반대로 빛이 없는 상태, 즉 어둠에서는 모든 빛깔과 색들이 사라진다. 흰색과 푸른색, 노랑과 빨강 그리고 당연히 검정 색도 없어진다. 즉 어둠 속에서는 검은색도 사라지는 것이다. 따라서 어두움과 검은색을 혼동하면 곤란하다. 정리하자면, 검은색 자체는 창조의 빛깔로 중립이다.

물론 검정은 어떤 상징적 역할은 할 수 있다. 그래서 흔히 사탄을 검은색으로 표현하기도 한다. 하지만 이것이 얼마나 문화 상대주의적 관념인지 우리가 잘 알아야 한다. 서양에서는 천사가 하얀 옷을 입고 등장하는데, 우리 전통에서는 반대로 귀신이 흔히 하얀 옷을 입고 나타난다. 물론 저승사자는 검정 옷을 입고 나타나기도 하지만 말이다. 그러나 붉은악마에서 보듯이 시뻘건 귀신도 존재한다. 악마, 귀신, 잡귀가 여러 가지 색깔로 표현되는 것이다.

앞으로 전도용 드라마를 할 때, 사탄 역할을 하는 사람에게 '검은 옷'을 입히지 않았으면 한다. 특히 아프리카나 피부가 검은 편인 중남부 아시아로 단기 선교 가는 사람들은 이 점을 정말 신경 써야 한다. 지금까지 아무도 신경 쓰지 않았던 부분일 수 있으나 이제는 생각을 해야 한다. 현지인에 대한 배려를 위함이다. 검은색 옷이 아닌 다른 색깔의 옷으로도 얼마든지 사탄을 나타낼 수 있다. 예컨대 갈색이 섞인 짙푸른 색도 마귀를 상징하기에 아주 적절할 듯하다. 이렇듯 어둡고 음산한 느낌을 내는 색깔이면 충분하다.

사실 검은색 자체는 여러 긍정적 측면을 상징하기도 한다.

예컨대 흔히 '힘'과 '권력'의 상징이기도 하다. 지체가 높으신 분들은 대부분 큰 검정 차를 애용하고, 심지어 조폭들 승용차도 모조리 검은색이다. 이곳 아프리카도 예외가 아니다. 대체로 흰색이 선호되면서 여러 색의 차량이 다니지만, 검은색 차량이 상당한 권위를 나타내 유력한 사람들이 선호하기도 한다. 영광을 상징하는 대학 졸업 가운도 검고 무엇보다 목사 가운 역시 검은색이다. 아마 독자들 가운데는 검정 옷을 좋아하는 분들이 상당히 많을 것이다. 때로는 겨울옷 중에 검은색이 가장 고급스러워 보이는 것들이 있다. 이렇듯 검은색 자체가 내재적으로 악함을 상징할 수가 없는 것이다.

다시 말해 검정은 하나님께서 창조하신 아름다운 이 우주 속의 색깔이다. 이 색깔은 모든 다른 색과 더불어 조화를 이룰 때 더욱 아름다운 자태를 드러낸다. 검정이 없다면 다른 색깔이 색깔다울 수가 없게 된다. 함께 공존하는 것이다. 이런 색깔의 공존과 같이, 우리 인류도 하나님께서는 다양한 피부색을 가지고 함께 공존하기를 원하신다.

하나님께서는 인류에게 각자 그곳의 기후에 맞는 피부를 주셨다. 아프리카 사람들이 피부가 검고, 동남아 사람들 또한 피부가 거무튀튀하며, 심지어 적도에 걸쳐 사는 태평양 섬들의 어느 인종들은 아프리카 흑인들과 전혀 인종학적 관련이 없는데도 피부가 아예 숯덩이처럼 검다. 이는 적도의 강력한 자외선 차단을 위해 피부에 엄청난 양의 멜라닌 색소가 함유되어 있기 때문이다. 이것은 참으로 놀라운 하나님의 배려하심이다. 하나님을 믿지 않는 사람들은 환경에 적응하기 위한 진화로 설명하겠지만, 신앙의 관점으로 말하자면 인류의 피부색에도 하나님의 신비한 섭리가 담겨 있는 것이다. 그러므로 자연 세계의 색깔에 우열이 존재할 수 없듯이, 사람의 피부색에도 그 자체로 우열이 존재할 수 없다. 오직 모든 인종이 다양한 피부색을 가지고 더불어 공존함으로써 더욱 아름다워질 수 있을 뿐이다.

우분투란 무엇인가?

앞서 언급한 우분투를 더 상세히 설명할 필요가 있다. 이것은 보편적 인류애의 가치를 담고 있는 중요한 개념이기 때문이다. 우분투는 남아프리카 전역에 공통으로 퍼져 있는 정신이고 종족마다 서로 다른 단어를 사용하나 동일한 개념으로 통한다. 우분투(Ubuntu)는 짐바브웨에서는 쇼나어로 '훈후'(Hunhu), 중부 아프리카에 가까운 말라위에서는 '우문투'(Umunthu)로 불린다. 앞서 말한 대로, 이것은 아마도 중부 아프리카 지역의 우간다, 케냐, 탄자니아 등에서 공유되는 가족애 혹은 형제애라는 의미를 지닌 우자마(Ujamaa)와 거의 동일한 개념이요 정신인 것으로 보인다.

우분투의 문자적 의미는 '사람됨'이다. 그럼 무엇이 '사람됨'인가? 이것은 여러 가지로 정의되는데, 이 주제에 대해 많은 학술 논문과 책 들이 있고, 종교인과 정치인과 예술인 등 각 분야의 사람들도 다르게 정의할 정도다. 대체로 공평, 정의, 자비, 아량, 어울림 등의 개념이 혼재되어 있다. 그런데 내가 볼 때 이것은 우리 한국인의 정서인 '정'의 개념과 매우 흡사하며 '두레' 정신과 거의 일치한다. 이 정신이 남아프리카 일대의 주민들에게 수천 년 동안 이어져 온 것이다.

만델라는 어느 인터뷰에서 우분투는 말로 정의할 수 없고, 사람들의 생활을 통해 설명될 수 있는 개념이라고 말한다.

"한 여행자가 어떤 마을에 머물면 그는 음식과 물을 요구할 필요가 없습니다. 그 사람이 일단 머물게 되면 사람들은 음식을 주며 그를 대접합니다. 이것이 우분투의 한 측면입니다…."

그 외에도 예컨대 마을에서 누가 도둑질을 하다 발각되면 이 사람은 '멍석말이'라는 중징계를 당한다. 죄가 중하면 맞아서 죽을 수도 있다. 그는 마을 공동체의 평화를 깨트리는 위험한 일을 했기 때문이다. 누군가의 집에 불이 나서 모든 것을 잃었다. 모든 마을 사람들이 그의 집을 다시 세워 주고 그 가족을 돌보아 준다. 이것이 바로 우분투 정신이다.

어떤 사람은 우분투, 즉 '사람됨'을 이렇게 정의한다. "사람은 다른 사람들을 통해 사람이 된다." 누군가는 "우리가 함께 있기에 내가 있다" 혹은 "네가 있으니 내가 있다"라는 의미로 설명한다. 나아가 이것은 "나는 너고 너는 나다. 우리는 하나다"라는 의미로 이해된다. 쉽게 말하면 사람은 함께 어울림으로써 사람이 된다는 의미다. 인간은 홀로 존재할 수 없다. 관계 속에서 사람은 비로소 사람이 된다. 이런 점에서 볼 때 우분투는 한국인들이 의외로 쉽게 이해할 수 있는 개념이기도 하다. 앞서 말한 대로 우분투가 '정'과 매우 흡사하고 '두레'와 거의 일치하는 정신이라 생각되기 때문이다. 우분투는 두레다. 곧 "우리는 하나다."

아프리카는 종족이 아주 다양하나 그들은 수천, 수만 년을 그 땅에서 함께 살아왔다. 때로 경쟁적으로 싸우고 전쟁도 했지만, 기본적으로 평화와 공존의 방법을 알고 있었다. 우분투 정신을 공유했기 때문이다. 원래 인간은 도시화와 제국화가 되기 전에는 아프리카만이 아니라 지역과 대륙을 떠나 대부분의 부족 사회와 농촌 사회에서 이런 가치를 공유하고 있었다고 생각한다.

그러나 인간 사회는 언제나 문명이 발달하고 제국화가 되면 상대를 폭압적으로 누르고 경쟁에서 살아남기 위해 구성원들이 비인간화된다. 제국화는 바벨탑, 피라미드, 거대한 신전의 건축과 더불어 대도시 건설의 양상으로 나타난다. 고대 이집트와 바벨론 제국들이 그랬고 로마 제국도 예외가 아니었으며 중국이 그랬다. 물론 중국은 동양의 인간 존중의 문화 전통이 뿌리 깊어서 좀 덜하긴 했지만 말이다.

남미의 인디언들도 우분투와 비슷한 가치를 공유하며 평화롭게 살아왔는데, 멕시코 근처에서는 아즈텍 부족이 다른 모든 부족을 제압하고 노예화해서 거대한 탑과 피라미드 그리고 거대 도시를 건설하며 평화를 깨뜨렸다. 급기야 잔인한 인신제사가 시작되어 해마다 수만 명이 제단 위에서 살육되었다.

아프리카는 서양 제국주의 나라들이 들어오기 전에는 매우 평화로운 대륙이었다. 분쟁과 전쟁이 끊임없이 있었으나 대체로 큰 전쟁은 없었던 대륙으로 한 지역에서도 수십, 수백의 다른 부족들이 함께 공존하며 살아왔다. 그들은 언어도 전혀 달랐다. 남아공의 경우 공식어 11개를 포함하여 24개 언어가 존재하지만, 중부 아프리카는 놀라울 정도로 다양한 부족과 언어가 공존한다. 예컨대 카메룬이라는 나라는 한 국가에 300개의 언어를 쓰는 다양한 부족이 살고 있고 나이지리아의 경우 250여 부족이 500개의 이상의 언어를 사용하며 공존하고 있다. 그들은 크고 작은 충돌이 있긴 했어도 공존의 방법을 알고 함께 살아왔다. 우분투의 대륙이었던 것이다.

사실은 그들의 사회 또한 땅을 생명처럼 여기는 농경 경쟁이 있긴 했지만, 대체로 땅의 점유보다는 공유가 필요했던 유목과 수렵 채집의 문화였기에 이런 공존의 삶이 가능했을 것이다. 전 지역이 그랬던 것은 아니나 밖에 나가면 수많은 동물을 비롯해 먹을 것들이 있으니 자본의 축적이 무의미한 곳이었고, 그에 필연적으로 따르는 경쟁과 전쟁 그리고 인간에 대한 억압이 거의 없었던 곳이었다. 그런 배경 때문에 아프리카는 궁극에는 전쟁으로 귀결되는 과학과 문명이 덜 발달했다고 나는 나름대로 분석한다.

무기와 병법이 발달하지 않은 대륙, 그럼에도 그들은 공동체의 생존을 위해 자신을 기꺼이 희생하는 사람들이었다. 줄루(Zulu) 족은 남부 아프리카의 유명한 전사 종족이다. 아프리카 중부에 마사이(Masai) 족이 있다면, 남부에는 줄루 족이 있다. 줄루 족은 원시적인 화살과 칼, 창을 들고 서양의 대포를 동원한 네덜란드 군대와 싸웠는데, 자신의 부족과 가족을 지키기 위해 앞뒤 가리지 않고 '인해 전술'로 달려들며 싸우다 결국 집단 몰살을 당했다.

네덜란드 군대에게 그것은 두려운 경험이었다. 그들은 이처럼 자존심과 용맹심 그리고 가족과 공동체를 위한 희생정신으로 무장되어 자신의 목숨을 부족과 가족을 위해 기꺼이 내놓을 수 있는 사람들이었다. 네덜란드 장교들은 학살극이 되어 버린 그 전쟁에서 승리한 후, 비록 줄루의 전사들이 자신들에게 패하긴 했지만 진심으로 그들에게 존경심을 표했다. 그들은 진정한 용사들이었다는 것이다. 공동체를 위한 희생, 이것이 바로 우분투다.

아프리카 사람들이 원래 정복 지향적이 아니라 평화 지향적인 사람들이었다는 것은 몇 년 전 MBC에서 방영한 〈아프리카의 눈물〉 편에도 잘 나타난다. 그리고 그 이전에 평화로운 사바나 지역의 산(San) 족의 삶을 묘사한 영화 〈부시맨〉에도 매우 잘 나타나 있다. 이 영화는 코믹 영화의 관점에서 보기보다는 부족애와 가족애의 관점으로 깊이 생각하며 다시 볼 만한 영화다. 어떤 이는 아프리카 사람을 코믹하게 그린 이 영화가 인종차별적이라 비판하나, 자세히 보면 서양 문명에 대한 비판이 가득 찬 영화다.

이 영화에서 콜라병이 상징하는 바가 크다. 그것은 서구 문명을 상징한다. 이 콜라병 하나가 하늘(경비행기)에서 떨어진 뒤 평화로웠던 마을은 분쟁 상태로 돌변하고 만다. 콜라병은 문명사회의 부시맨 마을 침투, 즉 서양 문화와 자본주의의 침투를 의미한다. 콜라병이 장난감도 되고 빨래 방망이도 되고 다리미도 되는 등 다용도로 쓰이자 서로 콜라병을 차지하려고 싸운 것이다. 우분투가 깨지고 만 것이다.

이 영화가 암시해 주는 바와 같이 우분투를 망친 장본인은 사실 서양 문화와 자본주의였다. 그들이 들어와 우분투의 대륙에 여러 가지 수많은 콜라병을 들여와 그 대륙을 만신창이로, 피투성이로 만들어 놓았다. 그들은 아프리카 사람들을 노예로 잡아가고 땅을 경쟁적으로 점령해서 국경의 개념이 전혀 없던 그들의 땅에 직선으로 국경선을 그어, 심지어 같은 부족이 어느 날 갑자기 적이 되는 상황을 만들었던 것이다. 아프리카의 직선 국경선은 그들의 비극을 잘 보여 주는 셈이다. 그 결과 아프리카는 전쟁과 학살의 땅, 범죄와 폭력의 땅으로 전락해 버렸다. 그들의 잘못이 아니다. 외세가 침입해 와 교묘히 종족간의 싸움질을 부추기고 서로를 적으로 몰아간 것이다. 그들에게서 우분투를 빼앗아 간 것이다.

아프리카 사람들이 책임이 전혀 없다는 이야기는 아니다. 중부 아프리카 지역에서는 여느 대륙과 마찬가지로 강한 부족들이 약한 부족들을 사로잡아 노예로 삼는 일이 빈번해지기 시작했다. 여기에 서양의 백인 노예상들이 중부 아프리카에서 수천만 명의 노예를 잡아갈 당시, 노예 사냥꾼은 다름 아닌 강력한 세력을 지닌 흑인 추장들이었다. 백인들은 풍토병과 익숙지 않은 지리로 인해 정글에 들어가기를 두려워했다. 그래서 그들은 힘센 부족의 추장들을 포섭하는 방법을 사용했다.

강한 부족들은 백인에게서 현대식 무기와 자신들에게는 희귀하게 보인 문명사회의 싸구려 물품을 선물로 받은 뒤, 그 무기를 사용해 이웃 부족을 제압하여 포로로 잡아 백인들에게 넘겨주는 일을 했다. 하지만 과연 책임을 그 부족의 왕과 추장들에게 전부 돌릴 수 있을까? 나는 그렇게 생각하지 않는다. 그들 가운데 먼저 죽이지 않으면 내가 죽는다는 심리를 교묘하게 조장한 사람들은 무서운 살상 무기를 공급해 준 노예상들이었다. 따라서 상대 부족이 첨단 무기로 무장하기 전에 내가 먼저 선수를 쳐야 했던 것이다. 만일 외세가 개입하지 않았다면, 그들은 스스로 경쟁과 상생의 지혜를 통해 자신들만의 질서를 유지해 나갔을 것이다.

결국 오늘날 우분투를 잃고 만 아프리카 사람들은 폭력적이고 게으르며, 또한 음흉하고 범죄 지향적이고 속임수에 능한 사람들로 인식되어 있다. 실제로 통계를 보면 그들은 그런 유형의 인종으로서 살아가고 있다. 게다가 앞서 말한 대로 할리우드 영화 등을 통해 흑인에 대한 부정적 이미지는 더욱 심화되고 있다. 사람들 간에 그것이 보편적 이미지로 강하게 인식되고 정착되면서 확대 재생산되는 것이다. 그러나 다시 강조하지만 이런 부정적인 이미지와 그들에게 나타나는 그런 근성과 성향은 외세에 의해 만들어지고 길들여진 결과라고 보는 것이 타당하다. 그들은 원래 우분투의 사람, 두레의 사람들이었다. 우리는 그들에게 사죄하고, 그들이 원래의 모습으로 돌아갈 수 있도록 도와야 한다.

우분투의 현장을 보고 흘린 눈물

2013년 ABBA의 강의자들은 남아공 프레토리아에서 약 1,200킬로미터 거리인 짐바브웨 수도 하라레 인근 농촌 지역에 나흘간의 목회자 세미나를 진행하러 떠났다. 나는 그들에게 '우분투의 성경적 회복'이란 주제로 강의했다. 참석한 많은 짐바브웨의 흑인 목사님들은 내 강의를 듣고 오늘날 자본주의화, 물질주의화되고 있는 아프리카 땅에서 이 고귀한 우분투의 정신이 사라지고 있는 현실을 통탄했다. 그러나 그들에게는 아직 우분투가 살아 있었다.

하라레에서 진행된 그 목회자 세미나에는 무려 300킬로미터가 넘는 곳에서 사는 분들 20여 명이 참석했다. 그런데 그분들 중 반은 시각 장애인, 즉 맹인 목사님들이고 다른 절반은 그들의 도우미로 함께 오신 분들이었다. 그곳에서 ABBA 사역을 하시는 송진영 선교사님이 정기적으로 그곳을 방문하여 그분들에게 말씀을 가르치고 있었기에 초대를 받은 것이다.

마지막 날, 나는 성령의 코이노니아의 역사가 세미나 현장에서 일어나는 장면을 보았다. 그 맹인 목사님들은 이곳 하라레 목회자들과 아무런 연고가 없는 분들로서 서로 처음 만난 관계였다. 앞이 보이지 않는 그분들이 하나님 말씀이 너무나 갈급해 300킬로미터가 넘는 거리를 마다하지 않고 달려와 며칠 밤을 지내며, 집회에 참석하신 모습은 그 자체로 내게는 뭉클한 감동이었다.

그런데 마지막 날 저녁, 하라레의 목회자들은 그 맹인 목사님들을 앞에 나오시게 했다. 그리고 그들은 함께 아름다운 찬양을 부르기 시작했다. 하라레의 목사님들이 그분들 앞에 이불 보따리만 한 커다란 보따리 두 개를 갖다 놓았다. 그것은 멀리서 온 그 형제자매들에게 주려고 자신들이 사흘 동안 모은 옷들이었다.

사랑은 여기서 그치지 않았다. 찬양을 계속 부르며 그들은 이제 자신들이 차고 있던 팔찌와 목걸이를 벗어서 그 맹인 목사님들과 함께 온 자매들에게 채워 주기 시작했다. 어떤 분은 현금을 손에 쥐여 줬다. 찬양을 몇 번을 반복하며 부르는 가운데 이 일이 계속되었다. 견딜 수 없는 감동이 밀려왔다. 어떤 선교사님은 그 감동의 물결 속에서 자신의 손목시계를 풀어서 대표이신 맹인 목사님께 채워 드렸다. 그 장면을 본 내 눈에서 눈물이 주르르 쏟아져 나왔다. 이 얼마나 아름다운 섬김인가, 이 얼마나 뜨거운 사랑인가! 아, 이것이 바로 이들의 우분투로구나…. 무슨 설명이 더 필요하단 말인가.

이것이 아프리카 사람들의 진정한 모습이다. 그들은 원래 아름다운 심성을 지닌 사람들이었다. 결코 손님을 그냥 보내지 않는 미덕, 약자를 돕는 인간애, 가급적 전쟁을 삼가며 이웃 부족과 더불어 살려는 평화의 정신을 지닌 사람들이었다. 아프리카는 오늘도 여전히 우분투의 땅이다.

Part 4

진짜 선교, 가짜 선교

"6개월 이내에 당신들은 아마
우리들 중 누군가가
죽었다는 소식을 들을 겁니다.
그 소식을 들을 때 낙담하지 말고
다른 누군가를, 그 빈자리를 채울 수 있도록
즉시 보내십시오."

– 알렉산더 맥케이

네 가지 유형의 선교사

선교지에 와서 나는 네 가지 유형의 선교사가 있다는 사실을 알게 되었다. 이 유형은 선교사가 속한 선교 단체의 성격이나 선교 방법론에 따른 유형 분류가 아니라 선교사 개인의 선교에 대한 태도와 방식에 따른 분류다. 지극히 주관적일 수 있음을 감안하고 읽으시면 좋겠다. 어떤 분은 불쾌하게 생각할 수도 있겠으나, 이 글은 나 자신의 반성적 의도가 있음을 말하고 싶다.

첫째, 헌신형 선교사다.

이 유형의 선교사는 말 그대로 즉각적으로 순종함으로써 묵묵히 최선을 다해 자신의 선교적 사명을 다한다. 신실하고 참된 선교사다. 남들이 알아주든 알아주지 않든 겸손히 예수님의 말씀대로 행한다. 일의 규모나 자신의 명성에 개의치 않는다. 이들은 좋은 차, 근사한 집, 그리고 폼 나는 옷에 별로 관심이 없다. 선교비가 들어오면 우선적으로 현지인들을 위해 쓰려고 노력한다. 알려진 것과는 달리 사실은 이런 선교사들이 아주 많다. 일부 선교사들이 물의를 일으키는 것이지 많은 선교사들은 이 '헌신형'에 속한다고 생각한다.

둘째, 생계형 선교사다.

선교를 자신의 생계 수단으로 삼는 선교사다. 선교비가 들어오면 일부 선교비로 쓰지만, 자신을 위해 먼저 쓰는 경우가 많다. 아주 심한 분들은 자신의 집부터 단장하고, 비싼 물건이나 옷부터 산다. 대체로 널찍한 집과 좋은 자동차, 또는 최신 유행하는 물건에 관심이 많다. 사역의 확장마저도 사실은 자신의 수입을 위한 수단으로 삼는다. 대단히 수완이 좋은 사람들인데, 목사로 치면 삯꾼 목자인 셈이다. 부끄럽지만 이런 선교사들도 의외로 많다. 그리고 나 자신도 그런 선교사는 아닌지 늘 돌아보곤 한다.

예전에는 이런 생계형 선교사들에 대해 심기가 매우 불편했지만, 지금은 그런 사람들을 이해하려고 애쓰는 편이다. 인간은 연약하지 않은가? 그리고 누구에게나 위대한 헌신을 요구할 수는 없다는 생각을 하게 되었다. 또한 어찌 보면 생계형 선교사에 속함에도 사실은 선교를 나름 열심히 하는 이들도 많다. 그러니 함부로 판단할 일은 아닐 것이다.

셋째, 제왕적 선교사다.

하나님 나라를 세우고 있는 것인지, 아니면 자신의 왕국을 건설하고 있는 것인지 알 수가 없는 선교사다. 대체로 엄청난 일을 벌인다. 대단한 열정가이기도 하다, 그런데 가만히 보면, 전적으로 결국 자신의 왕국을 세우고 있다는 결론을 내리게 한다. 일종의 기업형 선교사인 것이다. 열심은 대단하나 하고 있는 일을 보면 정말 씁쓸하다. 이런 유형의 선교사들은 누구든 자신의 밑에 두려 하고, 언제나 자신이 피라미드 구조 조직의 정점에 있으려 한다.

나는 이런 강한 리더십 자체를 문제로 지적하는 것은 아니다. 이런 유형 중에 아주 좋은 이들도 많고, 때론 이런 유형의 사역에 열매가 풍성한 경우도 많다. 그런데 다른 많은 선교사들은 독재자가 되어 사역을 독점하고 그것을 뻥튀기하고 조작하며 동역하는 선교사는 잘 배려하지 않는다. 이런 이들의 공통점은, 한국엔 상당히 알려져 있으나 실상 들여다보면 심각한 문제를 안고 있는 경우가 많다는 사실이다. 특히 한국에서 유명하기에 한국에서 온 어떤 선교사님들은 기대를 잔뜩 품고 그 제왕적 선교사 밑으로 들어갔다가 대부분은 일 년도 못 가 실상을 안 뒤 상처를 받고 도망쳐 나오곤 한다. 여기 남아프리카에서도 그런 사례를 종종 봤다.

공통점은 엄청난 선교 기금을 모아서 사용한다는 것인데, 재정적 투명성은 어느 정도 보장되어 있지만 그 기금들이 효과적으로, 또한 제대로 사용되지 않는다는 것이 나의 판단이다. 이런 점을 고려하여, 앞서 말한 대로 한국 교회는 유명세에 쉽게 현혹

되지 말아야 한다. 안타깝게도 유명세로 인해 이런 이들에게 선교비가 너무 집중되고 마는데, 앞으로는 교회와 성도들이 그저 묵묵히 사역을 감당하고 있는 무명의 알짜배기 선교사들을 잘 찾아 섬기시면 좋겠다.

물론 큰 선교 사역을 주도적으로 한다 해서 제왕적이라는 말이 아니다. 간혹 이런 제왕적 선교사 중에 훌륭한 성품과 인격을 갖추고 탁월한 사역을 해내는 존경받을 만한 사람들이 있다. 큰 사역을 하는 '헌신형' 선교사들이 많이 있다. 제왕적이란 독재형을 말하는데, 많은 사람들이 사실은 자신이 구축한 피라미드형 구도 속에서 자신의 왕국을 확장시켜 나가는 한계를 벗어나지 못하곤 한다. 가장 큰 잘못은 자신은 단순히 발만 담근 일을 마치 자신이 다 한 것처럼 여기저기 알리며 동료의 업적을 전부 자기 업적으로 만들려 하는 것이다. 이것은 결코 바른 선교가 아니다. 그리고 그런 유형의 선교사들이 다 그런 것은 아니나 자신의 사역을 심각하게 과장해서 선전하는 경우가 많으니 한국 교회는 분별력을 가져야 한다.

넷째, 사기형 선교사다.

이런 선교사가 진짜 있느냐고 의아해할 분들도 있을 것이다. 그런데 안타깝게도 실제로 존재한다. 그리고 의외로 많다. 나는 페이스북(facebook) 친구가 상당히 많은 편이라 세계 선교지 상황도 자주 접하는데, 들어 보면 각 지역마다 꼭 그런 사람들이 있다. 문제는 이런 사람들이 사기를 쳐도 몇십억 단위로 크게 한다는 것에 있다. 이 사람들은 엄밀히 선교사라 할 수가 없다. 이런 사람들은 제왕적 선교사와 맞물려 있다. 그런데 문제는 이런 사람들은 수십억의 돈을 누구에게 허락받고 쓴 적이 없고, 재정위원이나 감사 제도와 같은 그 어떤 감시 장치도 없으며 도대체 얼마나 많은 돈이 들어와서 얼마를 썼는지 아무도 모른다는 것이다.

그럼 왜 사기형인가? 막대한 선교 헌금의 개인적 착복과 유용의 가능성이 얼마든지 있기에 이런 유형의 선교사들 중 많은 사람이 금전적 문제를 지니고 있을 것이란 심증은 있으나 물증 확인은 못하니 그걸 단정은 못한다. 그럼에도 왜 나는 그런 사람들을 사기형으로 말하는가? 그것은 바로 그들이 틈만 나면 수많은 언론 매체를 이용해서 선교 사역에 대해 거짓된 조작, 뻥튀기를 한 뒤 막대한 선교 헌금을 모금한다는 점 때문이다. 언론 플레이의 귀재다. 그리고 얼마를 모았는지 아무도 모르나, 어쨌든 일단 쏟아붓는다.

그런데 그게 밑 빠진 독에 물 붓는 격이라 순식간에 공중분해된다. 그리고 단회성 이벤트에 불과한 사역이라 지속성이 없다. 그럼에도 돈이 뿌려지는 순간의 사진과 영상을 찍어 한국에 보낸다. 아주 멋진 그림이 나온다. 그래서 한국에선 또 속는다. 이게 계속 악순환된다. 수많은 교회와 후원자들의 막대한 헌금이 헛방을 날리게 되는 것이다. 그런 이유로 나는 이런 유형을 사기형 선교사로 분류한다.

제왕적 선교사는 안정적으로 구축된 시스템과 짜임새 있는 사역 그리고 상당한 재정의 투명성이라도 있다. 그러나 사기형 선교사는 요란법석만 있고 그로 인해 명성은 펴져 있으나 사진과 영상만 난무할 뿐 실상 선교의 열매는 남은 것이 별로 없다. 물론 유명한 이들 중에 알곡과 같은 좋은 선교사들이 많으나, 그렇지 않은 경우가 허다한 것이다. 그러니 한국 교회는 단순하게 유명세와 언론에 현혹되지 말고, 철저히 이런 사기형 선교사들을 걸러 냈으면 하는 마음이다.

이렇듯 문제가 있는 선교사들도 상당수지만, 사실은 많은 선교사들은 헌신형 선교사가 되고 싶어 한다. 후원자들은 진실해 보이는 선교사들에 대해서 당장 사역의 열매가 드러나지 않아도 기다려 주는 인내가 필요하다. 한국에 계신 어떤 분들은 자신이 후원하는 선교사가 사역에 별다른 업적이 없는 것을 아쉬워한다. 그리고 은근히 게으르고 무능한 선교사로 간주한다. 그런데 바로 그런 압박으로 인해 선교사들은 부풀려지거나 거짓된 선교 보고를 하게 되고, 한국 교회는 그 조작된 보고를 받은 뒤 선교 후원을 하게 된다. 악순환이 반복되는 것이다.

그러니 한국 교회가 선교사들에게 너무 무리한 선교적 열심과 열매를 요구하는 것은 바람직하지 않다. 자신이 업적을 남기지 않고 싶어서 일을 진행하지 않는 것이 아니다. 알고 보면 다 어떤 사정들이 있는 것이다. 어쩔 수 없는 능력의 차이도 있고, 환경의 요인도 있고, 또한 언어의 문제나 재정적 문제도 있다. 하지만 사실은 환경이 상대적으로 좋은 곳에 사는 나 같은 선교사라면 몰라도 수많은 선교사들에게는 척박한 지역, 위험한 땅, 범죄의 소굴인 선교의 땅에 산다는 것 자체가 이미 선교요 큰 희생이며 헌신인 것이다.

　이 글로 인해 괜히 어떤 무고한 좋은 선교사님이 피해를 보는 일이 없었으면 한다. 어쨌든 후원자들은 신중히 선교사를 검증하고, 언론에 알려지지 않은 무명의 선교사들 중에 묵묵히 훌륭한 사역을 잘하고 있는 이들이 많으니 잘 둘러보면 좋겠다.

어떤 사이비 선교사

선교지에는 아예 선교를 빙자해 돈을 해먹는 진짜 사기꾼들도 있다. 한 가지 구체적 사례를 예로 들겠다. 이곳 남아공 프레토리아와 가까운 거대 상업도시 요하네스버그에는 사업을 크게 하며 선교와 구제에 물질을 아끼지 않고 쓰는 한인 장로님 한 분이 계신다. 성품이 온유하신 존경 받는 분이시다. 어느 날 그 장로님 초대로 몇몇 선교사님들이 함께 식사할 기회가 있었다. 그날 장로님은 자신이 최근 당한 일이라며 한 가지 충격적인 이야기를 꺼내셨다. 그 장로님 말씀이 이러했다.

며칠 전 남아공의 어느 작은 도시에서 사역한다는 어떤 나이 많은 선교사에게 전화가 왔다. 장로님이 전혀 모르던 사람이었다. 그는 자신이 현재 한국을 가려고 요하네스버그 공항에 왔다가 지갑을 소매치기 당해 비행기를 못 탄 채 호텔에 하루 묵어야 하니 장로님께 송금 좀 해달라고 부탁했다. 장로님은 이상하게 생각하며 그냥 택시로 공항에서 30분이면 오는 거리인 자신의 회사로 오라고 하셨다. 실랑이 끝에 결국 그 사람이 회사로 왔다. 그런데 60대 중반은 되어 보이는 그 목사와 더불어 레소토(남아공 안의 독립 국가)의 흑인 목사 한 명이 같이 왔다고 한다.

장로님은 자초지종을 물었다. 그 자칭 선교사가 말하기를, 한국의 어떤 교회에서 이 흑인 목사의 교회를 지어 주기로 했는데, 무조건 믿고 건축 헌금을 할 수는 없어서 직접 데리고 와서 소개하면 건축을 후원해 줄 용의가 있다고 했다는 것이다. 그러면서 그는 자신이 그 흑인 목사를 2년간이나 제자로 양육했으며, 그동안 지켜보니 너무 신실해 교회를 지어 줄 결심을 했다고 한다.

잠시 그가 서울에 카드 분실 신고 등 긴급히 전화를 하려고 자리를 비운 사이, 장로님은 그 흑인 목사님에게 이것저것 자세히 물어보았다. 거기서 확인된 사실은 기가 막힐 일이었다. 그의 답변이 이러했다.

첫째, 나는 그 한국인 선교사와 만난 지 불과 2주밖에 안 되었다.

둘째, 그 사람이 교회 건축 지원 때문에 나를 한국에 데려간다는 말을 한 적이 없었다. 그저 한국을 구경시켜 주고 좋은 교회를 소개시켜 주려고 데려간다 했다.

셋째, 그런데 한국 교회에 나를 소개시켜 주러 데려간다는

데, 내 비행기 값은 내가 내야 한다고 하더라. 그래서 내가 카드로 1만 3천 랜드(약 150만 원)를 마이너스 지급으로 찾아 지금 갖고 있다.(이 돈이면 세계에서 가장 가난한 레소토의 대다수 사람들에겐 1년 봉급에 해당된다.)

넷째, 2주 전 그 사람을 처음 만났는데, 나를 만나자마자 목회자 세미나를 하자고 해서 사람을 모아 즉시 하루 동안 세미나를 했다. 한국 사람이 한 명 더 있었는데, 그 사람이 한국말로 강의하고, 그 선교사가 영어로 통역을 하고, 내가 다시 현지 레소토 말로 통역을 했다. 그런데 그 사람의 영어를 10퍼센트밖에 이해할 수가 없어 그냥 내가 하고 싶은 말을 생각나는 대로 다 했다.

장로님 말로는 그 가짜 선교사가 영어가 전혀 안 되는데 통역이랍시고 했다 한다. 그리고 그것은 한국에 가서 보여 줄 사진을 찍기 위해 부랴부랴 급조된 가짜 세미나를 진행한 것이 분명했다.

장로님은 사건의 전말을 다 듣고 그 흑인 목사님에게 "한국 가지 마십시오. 뭔가 이상합니다"라고 만류하셨다. 그러자 그 흑인 목사님은 상당히 혼란스러워했다고 한다. 이때 서울에 전화를 마치고 돌아온 그 사기꾼은 한국서 돌아오면 꼭 갚겠다면서 장로님에게 3천 랜드(약 40만 원)만 빌려 달라고 했다. 장로님은 이제 여권 다시 만들어서 비행기만 타면 되는데 왜 돈이 필요하냐면서 안 된다고 하셨다. 그러나 한사코 빌려 달라 하니 봉투에 담아 줬다

한다. 그 장로님은 그토록 마음이 여리고 착하신 분이다. 그런데 그자는 봉투를 받아 들고선 요란하게 야단법석하며 장로님을 위한 축복기도를 했다 한다. 기도로 때우고 돈을 안 갚을 계산이었던 것이다.

그 사기꾼의 한국 방문을 통한 책략은 분명했다. 그 순진한 흑인 목사 한 명을 한국에 데려간 뒤 건축 약속을 했던 교회뿐만 아니라, 여기저기 다른 교회들을 찾아다니며 선교비를 걷어 돈을 쓸어 담으려고 작정한 것이다. 당연히 건축 헌금은 몽땅 자기 차지가 될 것이다. 아니면 그 교회가 건축 여부를 확인하면 대충 어설프게 짓고 가짜 영수증을 만든 뒤 나머지는 자기가 착복할 심산이었을 것이다.

이 사람이 사기를 친 것이 이번이 처음이었을까? 아마 이미 여러 차례 유사한 사기를 쳤을 것이다. 그 사람은 현재 이곳 중남부 아프리카 선교사 명부에도 존재하지 않는다. 철저히 은둔해서 선교를 빙자한 사기를 치고 다니는 것이다. 그 사람은 한국에서 목회를 비롯해 여러 가지를 실패한 뒤 가짜 선교사 노릇을 하고 다니는 중이라고 생각된다. 내가 정말로 답답한 것은 바로 이런 자들에게 속아 넘어가는 한국 교회들이다. 한국 교회에서 그랬다고 하지 않는가? 그 현지인 목사를 데리고 오면 믿겠다고. 그러면 아무 사람이나 그냥 데려가면 속게 되는 것이다.

문제의 본질은 선교를 건물 짓는 것으로 착각하는 데 있다.

그러니 이런 사고가 발생하는 것이다. 앞서 말했지만, 나는 교회든 선교 센터든 선교용 건물이 꼭 필요하면 지어야 한다고 본다. 하지만 왜 현지인들의 교회를 일단 무턱대고 지어 주려고만 하는 것인지 모르겠다. 무분별한 선교지 교회 건축은 정말 자중해야 한다.

'선교=교회 건축'이라는 등식 때문에 위와 같은 사기 행위가 얼마든지 가능해진다. 사진 몇 장 찍어 가서 그럴싸하게 영상물 만들어 호소를 하면 건축헌금이 척척 들어온다. 한국 교회들은 그런 사진 몇 장과 영상물에 넘어간다. 물론 지극히 선한 마음으로 선교지의 교회 건축에 사명감을 갖는 교회가 많다. 어떤 분들은 죽기 전에 선교지에 교회 하나 지어 주는 것을 일생의 가장 소중한 일의 하나로 여기고 수천만 원, 수억 원을 쾌척한다. 참으로 아름다운 마음이다. 그러나 현지인들의 교회를 불쌍히 여기고 교회 건물을 지어 주려는 마음과 동기는 너무나 선한데, 그것이 분별 있는 선교 방식은 아닌 것이다.

이런 사례를 통해 선교사 검증이 얼마나 중요한지 다시 절감할 수 있을 것이다. 검증은 그 사람의 입에서 나온 말이나 사진과 영상, 혹은 데려온 현지인을 보고 하는 것이 아니다. 또한 그 사람이 신문이나 뉴스에 나온 유명한 사람이라고 진짜인 것도 아니다. 사진과 영상, 신문, 방송 보도에 속지 말아야 한다. 이런 것들은 얼마든지 다 조작과 과장이 가능하기 때문이다. 심지어 다른 선교사님의 사역지에 가서 몰래 사진을 찍은 뒤 모조리 자신의 사역인

양 꾸며서 한국에 보고하여 선교비를 타내는 사람들도 있다. 이런 가짜와 짝퉁들이 의외로 많으니 주의를 기울여야만 한다. 검증이 필요한 사람에 대해 알아보는 가장 확실한 방법은 그 사람이 거주하는 지역과 국가의 다른 선교사 그룹들에게 널리 알아보는 것이다. 몇 군데 짚어 보면 다 드러나게 되어 있다.

그리고 큰돈을 지원하려 할 때는 건물보다는 먼저 사람에게 그 돈을 투자해야 한다. 사람을 키우는 데 필요한 용도로 먼저 쓰고 나중에 건물이 올라가면 좋겠다. 1억짜리 건물보다 그 1억으로 사람들을 키우면 그 훈련된 사람들이 백 개, 천 개의 교회도 스스로의 힘으로 세워 나갈 수 있는 것이다.

이런 사이비들의 선교 사칭 사기가 가져다줄 후유증은 말할 필요도 없다. 현지인들이 받을 상처가 얼마나 크겠으며, 또한 진실을 알게 되면 얼마나 크게 분노하겠는가? 결국 그 사기꾼들은 선교를 망쳐 놓는 장본인들인 것이다. 내가 이런 어처구니없는 사례를 적나라하게 쓰는 이유가 있다. 그렇게 하지 않으면, 이런 피해 사례가 점점 늘어날 것이 분명하기 때문이다. 한국 교회에 경각심을 일으킬 필요가 있다.

한 가지 덧붙이고 싶은 것은 선교사들이 현지인 지도자들을 한국에 데려오는 일 또한 자중했으면 하는 바람이다. 위의 사이비 선교사와 같은 악한 의도로 현지인 지도자를 데려오는 경우도 있어서 그렇지만, 그보다는 그것이 끼칠 선교적 악영향 때문이다. 물론 일부 사기꾼을 제외한 대부분의 선교사들에게 사실은 지극히 선한 의도로 이 사역이 진행된다. 즉 선교지의 그리스도인 지도자들에게 한국의 발전상과 세계적 부흥을 이룬 한국 교회의 모습을 보여 줌으로써 큰 도전을 불러일으키기 위한 목적이다.

그러나 이런 일은 통신과 영상이 발달하지 못한 50년, 100년 전에는 매우 중요한 일이었다 할 수 있으나 지금은 아니라고 본다. 실제로 조선 말기 미국 선교사들도 조선의 인재들을 미국으로 견문을 보내거나 유학을 보내 큰 일꾼으로 세웠다. 하지만 인터넷과 영상 매체를 통해 실시간으로 선진국을 비롯해 한국의 모습을 볼 수 있는 오늘날, 그런 일은 더 이상 큰 의미가 없다는 생각이 든다. 현지인들도 관심이 있다면 TV나 인터넷을 통해 한국에 대해 다 알아볼 수 있고, 선교사 또한 얼마든지 원하는 장면을 현지인들에게 보여 줄 수 있는 시대를 살고 있다.

물론 이런 일이 필요한 경우가 있다고 본다. 예컨대 한국 교회의 풀뿌리 목회를 잘 배우도록 정말 철저히 검증된 지도자, 전적으로 신뢰가 가는 지도자를 2~3개월 정도, 혹은 그 이상의 장단기 훈련 프로그램을 만들어 불러들일 수 있을 것이다. 하지만, 결코 현지인 지도자들로 하여금 허황된 생각을 품게 하는 이벤트성 한국 방문 행사는 자제해야 한다.

때론 한두 명, 많게는 십수 명을 한국으로 불러들이기 위해 소비되는 경비는 엄청나다. 그러나 더 큰 문제는 현지인 지도자들이 한국 방문을 한 뒤에 선교사들이 겪는 후유증이다. 많은 경우 현지인들은 한국을 다녀온 뒤에 큰 부자인 한국 교회로부터 지원을 받는 선교사들의 호주머니에 더 큰 관심을 갖는다.

실제로 내 주변에서 이런 일로 인한 후유증을 겪는 선교사님들이 꽤 있었다. 예컨대 한국 방문 길에 여러 교회에서 선교 보고 후 받은 선교사 후원금 봉투를 반으로 나누자고 따진 현지인 목사도 있었다. 결국 이런 행사는 오히려 현지인 목회자에게 헛된 망상과 허영심을 심어 주며 그들을 크게 망쳐 놓는 경우가 많다. 그러니 차라리 한국 방문에 드는 그 막대한 경비를 현지의 지도자 양육을 위해 쓴다면 견고한 리더십이 세워질 수 있을 것이다.

퍼주기 선교와 과시적 선교

뭐가 필요하나요? 말만 하세요, 다 해드릴 테니! 이것을 선교라고 생각하는 선교사들이 더러 있다. 위 네 가지 선교사 유형 중, 마지막인 사기형 선교사의 선교 방식이기도 하다. 이들은 공개적으로 언론에 드러내 놓고 활동을 하기 때문에 앞서 말한 사기꾼 가짜 선교사는 아니다. 이들은 퍼주기 선교와 과시적 선교의 대가이다. 각 선교지마다 그런 유형의 선교사들이 큰 문제를 일으키고 있는 실정이다. 이곳 남아공도 예외가 아니었다. 이것에 대한 구체적 사례를 말해야 독자들이 비로소 문제점을 이해할 것이다.

수년 전 어떤 평신도 전문인 선교사님 한 분이 큰 꿈을 품고 거창한 사역 구상을 밝히며 남아공에 들어오셨다. 이분은 선교에 대한 열정은 대단했는데, 안타깝게도 선교에 대한 가장 기본적인 원칙과 법도를 이해하지 못하던 분이셨다. 불과 4년 만에 철수했는데 참으로 그것은 나에게, 또한 많은 사람들에게 끔찍한 경험이었다. 그는 그 기간에 엄청난 폭풍을 일으키고 온 사방에 수많은 일을 우후죽순처럼 벌여 놓은 뒤 이곳의 남은 사람들에게 큰 후유증과 뒤치다꺼리를 남겨 놓고 사라졌다. 어느 날 그가 결국 중대한 문제를 일으킨 뒤 다른 프로젝트가 생겨 사역지를 옮긴다며 남아공을 허겁지겁 떠난 것이다. 지금이라도 그분이 그 새로운 선교지에서 하나님 앞에서 자신을 돌아보고 그릇된 선교 방법을 버리고 바른 선교를 묵묵히 진행하시기를 바라는 마음이다.

이 글의 목적은 이와 같은 몇몇 불편한 선교를 하는 분들에게 사사로운 감정을 토로하는 데 있지 않다. 오로지 한국 교회가 이런 선교 사기극의 실상을 제대로 알고, 다시는 그런 일에 농락되어선 안 된다는 절박한 마음을 전하기 위함이다. 그분은 하루가 멀다 하고 방송과 주요 일간 신문에 등장하며 기자들에 둘러싸여 선교를 한 사람이다. 선교 일은 크게 해야 한다면서 주로 시장, 국회의원, 장관, 사업가 급의 사람들을 만나러 다녔다. 그런데 아내와 자녀는 하던 사업을 계속하도록 한국에 두고 본인만 홀로 왔으니, 그것부터가 이해가 안 가는 헌신이었다. 특히 부인을 남겨 두고 남편 홀로 선교지에 온다는 것은 사실 정말 바람직하지 않은 일이다. 이것은 선교사의 치명적 결격 사유로 선교사 검증의 가장 기본적인 요소인데도, 안타깝게도 한국 교회와 선교 단체는 걸러 내지 못한 셈이다.

그런데 그런 걸 다 이해할 수도 있다. 정작 더 큰 문제는 그분의 선교 방식에 있었다. 그분은 정말 열심히 선교를 하긴 했지만, 그야말로 방향과 방법이 잘못된 불행한 선교였으며, 무엇보다 퍼주기와 과시적 선교였다. 그분이 언론을 총동원해 선교를 한다고 요란하게 다니면서 4년 동안 쏟아 부은 돈은 자신의 말로 확인해 준 것만도 무려 50억이 넘었다.

그런데 과연 4년 후 그분이 철수하고 난 뒤 남은 것이 뭐가 있었을까? 거짓말 같겠지만, 정말 단 한 가지도 남은 것이 없었다. 수많은 일을 벌여 놓았는데, 순식간에 모든 것이 거품처럼 다 사라지고 아무것도 남지 않았다. 몇십억을 쏟았다는데 그래도 약간은 남지 않았을까, 하는 생각이 당연히 들지만 모조리 사라져 버린 것이다. 그 이유는 단 한 가지, 그가 사람 중심의 선교가 아닌 이벤트 중심의 선교를 했기 때문이다.

예를 들어, 대표적 이벤트 중 하나였던 수억을 들인 어느 시골 초등학교의 잔디 구장은 3년이 채 지나지 않아 전혀 관리가 안 돼 잡초가 무성한 폐허가 되었다. 돈만 날린 것이다. 나는 이미 그것을 예상하고 주변에 우려를 표하고 다닌 바 있었다. 그것은 사실 처음부터 상식 이하의 기부 행사였다. 그 초등학교는 잔디 구장 관리에 들어가는 엄청난 경비를 감당하기에는 너무 가난했기 때문이다. 먹을 것도 궁한 초가삼간에 사는 사람에게 고급 승용차를 사주는 격이었다.

그 잔디 구장 기증식은 한국의 유명한 구호 단체가 주도해서 주요 신문과 방송사들이 총출동했던 행사였다. 그러나 그로부터 2~3년 후의 상황에 대해선 아무도 관심이 없었다. 결국 예상대로 잔디밭은 잡초밭으로 전락하고 말았다. 이것이 이벤트 선교의 가장 큰 함정이다. 나는 이런 건 일종의 범죄 행위에 버금간다고 생각한다. 사진 몇 장 찍고 뉴스 영상 몇 초 만들자고 몇억의 돈이 공중으로 날아가 사라진 셈이니까. 이것은 한 가지 사례에 불과한데, 결국 그분이 남긴 것이라곤 수습하기 어려운 후유증이었다.

또한 그분이 떠난 후 다른 선교사들이 한동안 그 사역 현장들을 찾아가 사역을 지속하려 시도했다. 그런데 거기 있던 현지인 책임자나 관리자는 '너희는 뭘 들고 왔는데'라고 물으며 빈손으로 오는 선교사들을 더 이상 오지 못하도록 막았다. 결국 몇 년간 돈을 쏟아부었으나 남은 것은 아무것도 없었다. 물질을 퍼준 심각한 후유증이며, 선교를 오히려 망쳐 놓은 것이다.

내가 이 사례를 굳이 밝히는 이유는, 누차 말하지만, 한국 교회가 잘못된 선교를 멈추도록 하기 위함이다. 이분이 다른 국가에 가서 또다시 똑같은 방식의 언론 플레이 중심의 선교를 펼치고 있는 모습을 보고 있다. 정말 안타까운 일이다.

이분이 남아공에 온 지 얼마 안 돼 주변 사람들의 소개로 곧 시장과 국회의원들을 만났다. 그런 고위층과 권력자를 상대하길 좋아하신 분이었기 때문이다. 시장을 만나자마자 이분이 이렇게 말했다 한다. 그날 그 자리에 동석한 어떤 선교사님의 생생한 증언이다.

"시장님, 뭐가 필요하십니까? 말만 하십시오. 제가 다 해드리겠습니다."

가슴이 철렁 내려앉을 일이다. 이것은 선교가 아니라, 아예 그 나라를 망치려고 작정한 무개념의 열정인 것이다. 당시 그분의 정체를 진작 파악한 나는 그 사람의 선교 사역에 그 많은 돈을 쏟으면 헛것이 되고 마니 절대 속아선 안 된다고 호소하고 다녔다. 그러나 오히려 화살은 나에게 되돌아와 어떤 사람들은 내가 질투의 화신이 되어 쩨쩨하게 잘나가는 선교사 비판이나 하고 다닌다고 비아냥대기도 했다. 나는 너무도 눈물이 나고 속이 상했지만 묵묵히 하나님의 때를 기다려야만 했다.

이 글을 한참 쓰고 있을 때, 어린이 전문 사역을 하시는 어떤 선교사님 한 분이 내게 최근 겪은 경험담을 말씀해 주셨다. 얼마 전 그분의 주요 선교 지역에 있는 어느 교회에서 자신을 방문해 달라고 신신당부해서 찾아갔다. 그날은 주일이었는데, 처음 가 보던 그 교회에 들어가니 선교사님의 눈에 이상한 장면이 연출되고 있었다. 어린이 15명 정도가 모두 하얀 유니폼을 깔끔하게 입고 앞에 앉아 있었다. 이상한 생각이 들었지만, 선교사님은 동네 아이들을 더 모아서 아이들을 상대로 열심히 말씀을 가르치며 함께 예배를 드렸다.

예배를 마친 뒤였다. 동네 아이들은 다 떠나고 유니폼 입은 교회 아이들만 남았는데, 그 교회 목사님이 선교사님에게 다가오더니 이렇게 말씀하시더라는 것이다.

"선교사님, 우리 아이들 예쁘죠? 우리 아이들 언제 한국에 데려가실 거예요?"

선교사님은 그 말을 듣고 정말 어처구니가 없었다 한다. 그 현지인 목사님은 왜 생뚱맞게 이런 일을 벌이셨을까? 나와 그 선교사님은 이유를 짐작할 수 있었다. 그 교회는 앞서 언급한 이벤트에 목숨 건 선교사가 잔디를 깔아 준 초등학교와 멀지 않았다. 그는 여러 사역 중 어린이 축구 사역도 열심히 하셨는데, 당시 2년간 자그마한 지역 축구 대회에서 우승한 초등학교 축구팀 아이들을 한국으로 데려가 한국의 이런저런 어린이 축구 대회에 출전시켰다. 한국의 유소년 팀과 겨루기에는 실력이 형편없고, 한국의 국내 대회인데도 불구하고 아이들에게 꿈을 심어 준다는 명목으로 그 일을 여러 번 강행한 것이다. 그 총 경비는 엄청났을 것이다.

그러나 이것 역시 소모적 행사일 뿐이다. 아이들의 어린 시절에 발전된 한국의 모습을 보여 주는 것이 얼마나 대단할지 모르나, 나는 그것 또한 똑같은 과시성, 단회적 이벤트라 단정한다. 왜 꼭 한국을 데려가야 아이들이 꿈을 갖는다는 것인가? 그러기에는 들어가는 돈이 천문학적이다. 그런 엄청난 돈을 들이지 않고도 이곳에서도 아이들에게 얼마든지 위대한 꿈을 심어 줄 수 있다. 그리고 차라리 그 돈으로 실제적인 어린이 축구팀 하나를 집중 육성했다면, 그중 어떤 아이들은 제2의 드록바와 같은 큰 선수, 아니 그 정도는 아니라도 남아공의 훌륭한 축구선수로 성장할 수 있었을지 모를 일이다.

사실 이런 선교 방식의 더 큰 문제는 다른 데 있다. 바로 앞서 여러 번 말한 후유증이다. 아이들의 매년의 한국 방문은 주변 온 사방으로 소문이 퍼지지 않을 수 없었을 것이다. '선교사들은 그렇게 돈이 많고 능력도 대단하니 어떡하든 선교사를 잡아야 한다!' 바로 이와 같은 생각에 사로잡힌 위의 현지 교회의 목사가 소문을 듣고 어린이 사역을 하시는 선교사님을 초청해서 자기 교회 아이들 좀 한국에 데려가 달라 한 것이다. 그런데 그런 생각을 하는 현지인 목사가 어디 이분뿐이겠는가?

돈을 풀어서 퍼주기 선교를 하면 사람들이 일시적으로 구름처럼 몰려든다. 그런데 그 돈과 그 돈을 푼 선교사가 사라지면 어떻게 될까? 모였던 사람들은 순식간에 썰물처럼 사라지고, 안개와 같이 증발된 뒤 아무것도 남지 않게 된다. 돈으로 선교를 한 비참한 결과다.

흔히 선하고 순수한 열정으로 선교지에 온 방문객이나 단기 선교 팀이 그 선교지 교회의 성도들이나 마을 사람들을 모아 놓고 이렇게 약속한다.

"여러분, 이 초라한 판자로 지은 교회, 양철로 지은 교회, 우리가 지어 드리겠습니다."

선교지에 와서 절대 그러지 않으시길 바라는 마음 간절하다. 이것은 물론 안타까워하는 지극히 선한 마음에서 나온 말이지만 현지인들의 자립심과 독립심을 송두리째 뽑아 없애는 행위다. 그분들에게 의존적인 근성을 심어 준 데에는 다름 아닌 선진국의 구호 단체들과 선교사들의 책임이 크다. 바로 그렇게 해왔기 때문에 오늘날 제3세계 가난한 국가의 교회들이 절대로 독립을 하지 못한다. 이것은 장기적으로 볼 때 결국 교회를 망치는 행위인 것이다.

돈은 필요하다. 그러나 돈이 없거나 좀 부족해도 그 사람들을 사랑할 수 있으며, 호주머니에서 아무것도 나가는 것이 없어도 그들과 평생의 친구가 될 수 있다. 이때 선교사가 떠나더라도 그분들은 결코 사라지지 않는다. 남는 선교가 되는 것이다.

선교는 사람 건축

바람직한 선교 정책과 관련해서 본질적 문제를 더 깊이 생각해 보고 싶다. 앞서 잠깐 이야기했듯, 선교지에 건물을 짓는 건축의 문제다. 한국 교회는 선교 자원의 많은 부분을 현지의 교회 건축에 쏟아 붓고 있다. 선교의 가장 큰 업적이 또한 교회 건축이라 생각하는 실정이다. 이곳 남아공도 예외가 아니다. 아예 교회 건축을 전문 사역으로 삼고 일하는 선교사님들도 있다. 그러나 나는 무분별한 교회 건축 지원을 반대한다. 이 문제로 나는 여러 선교사님들과 불편한 관계에 놓이기도 했다.

물론 무조건 안 된다는 법은 없다. 지역이나 상황에 따라 교회를 지어 줘야 하는 경우가 있다. 예컨대 복음의 불모지에 선교사가 교회를 개척하는 경우다. 이때 마을에 소규모 교회를 지어 복음 사역을 시작할 필요가 있을 것이다. 그러나 이 경우라도 추후의 증축이나 신축은 아무리 시간이 걸릴지언정 현지인들의 손에 맡기는 것이 옳다. 또한 어떤 경우 꼭 필요해서 교회의 건축을 지원해야 할 때도 있겠지만, 그런 경우라도 현지 교회 성도들의 물질적 참여와 노동력의 협조는 필수여야만 한다.

어쨌든 원론적으로 나는 일방적인 교회 건축과 건축비의 지원은 결국에는 현지 교회를 망치는 일이라 보고 있다. 무엇보다 현지인 목회자들과 교회가 이미 많이 들어서 있는 지역에서 어느 특정한 현지인 목사의 교회를 위한 건축 지원은 심각한 문제를 일으킨다. 예를 들어 보자. 선교사가 한국 교회의 지원을 받아 어느 지역의 가난한 교회를 지어 주게 되었다. 그러면 다음과 같은 여러 가지 문제가 발생한다.

첫째, 이 교회는 앞으로 독립하기 어려워진다. 십중팔구 어떤 일이 있을 때마다 손을 벌리는 의존적 교회로 계속 남을 것이다. 그것은 결국 자생, 자립, 자영이 안 돼 독자적 복음 사역을 못하게 된다는 것을 의미한다. 예외적으로 큰 부흥이 일어나 우뚝 일어서는 교회가 없는 것은 아니나, 그건 극히 일부일 뿐이다. 대부분의 경우 그런 도움을 받은 교회들은 계속적으로 외부의 손길을 기대하고 헌금을 하지 않게 된다. 실제로 이게 현실이다. 하지만 성도 자신들의 물질의 헌신 없이는 교회의 독립과 부흥이란 가능하지 않다.

둘째, 최소 주변의 반경 10킬로미터 내에 이 소문이 퍼진다.

결국 주변의 현지 동료들과 목회자들은 그 도움 받은 교회를 부러워하며 선교사 하나 잘 만나는 것을 목회의 목표로 삼게 된다. 도움 받은 교회만이 아니라 주변의 모든 교회가 자립할 생각을 하지 않는 것이다. 앞서 말한 드문 사례로 어떤 교회가 선교사의 지원으로 교회를 건축한 뒤 부흥했다면, 오히려 주변의 목회자들은 목회 성공은 선교사의 지원 여부에 있다는 확고한 결론을 내리게 된다.

셋째, 만일 선교사가 그 교회만 지원한 것이 아니라, 그 지역의 다른 교회들에도 이런저런 물질 지원을 시작하면, 그 지역의 목회자들이 분열된다. 여러 교회들이 도움을 받았음에도 오히려 큰 부작용이 생긴다. 다음과 같은 방식의 불평이 터져 나온다. XX 목사에겐 중고차 한 대 사줬으면서 왜 나는 교회 담장 짓는 것만 도와줘? 왜 나는 겨우 의자 몇 개뿐이야? 이런 상황에서 선교사가 그들을 물질로 도와줬음에도 불구하고 그들이 선교사의 적이 될지 친구가 될지는 답이 뻔하다. 실제로 이곳에서 있었던 일이다.

넷째, 일단 교회를 지어 주면, 그 담임목사가 그 건물로 일종의 비즈니스를 하는 경우도 많다. 내가 아는 교회는 미국의 어떤 단체에서 나사못 하나까지 다 지원해서 멋지게 지어 줬다. 그런데 ABBA에서 그 지역 목회자들을 위해 세미나를 해보려고 그 교회에 문의를 했는데 높은 사용료를 요구했다. 어처구니가 없었지만 할 수 없이 깎아 달라 하고 상당한 액수였던 그 돈을 낸 적이 있다.

선교사들이 그 지역의 목회자들을 위해 주일학교 운영 방법을 위한 세미나를 연다는데도 막무가내였다. 선교사의 은혜를 받은 자가 심지어 선교사들 상대로 교회 건물로 비즈니스를 한 것이다. 그 외에도 그 교회는 그 지역의 많은 결혼식이나 행사를 위한 장소로 돈을 받고 대여하고 있었다. 많은 교회가 선교사가 지어 준 교회 건물을 지역민을 위해서가 아니라 이렇게 비즈니스 목적으로 사용하게 되는 것이다.

다섯째, 소유권을 넘기지 않는 건물을 지어 준다 해도 문제는 여전하다. 어떡하든지 현지인 목사는 그 건물을 자기 것으로 만들려고 수단 방법을 안 가리게 되며 기회를 노린다. 그는 당분간 지속적 도움이 될 것 같으면 선교사와 겉으로 친구인 듯 잘 따라 주는 척하지만, 사실상 선교사를 쫓아낼 준비를 하게 된다. 이런 방식으로 교회를 빼앗긴 선교사들이 여럿이다.

이곳에서 실제로 있었던 가장 극단적인 사례 하나만 들어 보자. 프레토리아에서 조금 멀리 떨어진 어느 도시 근교의 선교지에서 발생한 일이다. 한국에서 평신도 선교사로 오신 장로님이 그 마을에 제법 큰 예배당을 지었다. 그 마을 주민들의 큰 관심 속에 봉헌 예배를 드렸다. 영어가 안 되는 그분을 대신해서 현지인 목사가 목회를 담당했다.

머지않아 일이 발생했다. 그 목사가 교회 건물을 차지하려고 음모를 꾸몄다. 강도단을 사주해서 그 선교사 가정을 덮치게 한 것이다. 떼강도들은 모두 경찰복을 입고 있었다. 모든 것이 털리고 상해를 입은 그 장로님 가정은 두려움 속에 더 이상 버티지 못하고 남아공을 떠나 한국으로 철수해 버렸다. 그 강도 사건의 배후에 바로 그 목사가 있었다. 매주 그는 아무 일도 없었다는 듯 그 번듯이 지어진 건물에서 뻔뻔하게 설교하며 목회를 한다. 다름 아닌 무분별하게 교회 건물을 지어 준 일이 빚은 비극이다.

건물을 지어 주고 물질을 지원해 줄 때, 사실 가장 큰 문제는 바로 이런 오랜 잘못된 관행으로 인해 현지의 교회는 담임목사와 성도들이 전혀 헌금을 하지 않는다는 사실이다. 선교사 물주 하나만 잡으면 모든 문제가 해결되는데, 굳이 본인들 호주머니를 털어 교회를 건축하고 자생하고 자립할 생각을 하지 않는다. 실제로 이들의 헌금 액수를 보면 충격적이다. 담임목사도 그렇고 성도들도 좋은 옷과 구두를 마음껏 사면서도 헌금은 몇 푼짜리 동전을 바친다. 그리고 교회의 필요한 물품은 간혹 스스로 해결하기도 하지만 우선적으로 외부 기부자를 찾아 구입하려 든다.

한국 선교사가 직접 교회를 지어 목회를 하는 경우도 많다. 이 역시 아름다운 헌신의 마음으로 하는 일인 것은 분명하다. 또한 주변에 교회가 거의 없는 복음의 불모지인 어떤 선교 대상 국가나 선교지에서는 반드시 선교사가 교회를 개척한 뒤 건물을 짓고 목회를 해서 제자들과 목회자들을 길러 내야 할 것이다. 더불어 특수한 경우, 예컨대 선교지의 대학가에서 청년 목회를 하는 것 등은 필요할 수 있다고 본다. 그러나 멀지 않은 주변에 이미 많은 현지인 교회들과 목회자들이 있다면 문제가 달라진다.

솔직히 나는 ABBA에서 현지인 목회자들을 가르치기 전에는 이러한 교회 개척 후의 목회 사역을 선교사들의 크고 소중한 사역으로만 보았다. 그러나 나중에 강의실에서 ABBA 강의자들은 현지인 목회자들에게 다음과 같은 불만의 소리를 종종 들었고 나 또한 토론 시간에 비슷한 문제점을 뼈아프게 지적받았다.

"당신 선교사들은 왜 우리 양들을 도둑질해 갑니까? 우리 흑인 교회들 옆에 큰 교회 지어 놓고 양 도둑질 좀 하지 말아 주세요."

충격이었다. 생각해 보지도 못한 일이라 답변도 반박도 할 수가 없었다. 많은 선교사들이 양 도둑이 되고 있었던 것이다.

나는 주일이면 자주 ABBA에서 공부하는 목회자들의 교회를 방문한다. 한번은 한인 선교사가 목회하는 큰 교회 건물에서 불과 200~300미터밖에 떨어지지 않은 곳에 자리한 현지인 교회를 방문한 적이 있었다. 그 선교사님이 남아공에 오자마자 막대한 예산을 들여 지은 그 교회 건물은 그 동네의 명물이었다. 예전에는 거의 3억이나 되는 돈을 들인 그 교회 건물과 목회 현장을 보고 좋게만 생각했다. 즉 그 선교사님과 파송 교회가 그 마을 복음화를 위해 중요한 일을 했다는 생각을 한 것이다.

그러나 그 교회 인근의 어느 ABBA 신학생의 교회를 방문하던 날, 반대로 현지인 교회의 마당에서 서서 저만치 자리 잡고 근사하게 세워진 그 한인 선교사님의 교회를 바라보게 되었다. 그때 나는 일순간에 깨닫게 되었다. '아, 큰 문제로구나.' 그 순간 나의 관찰은 현지인 목회자의 시점에서였다. 관점이 바뀌니 정반대의 것이 보였다. 자기 동네에 어느 날 갑자기 큰 벽돌 건물 교회가 들어서는 순간 주변의 모든 현지인 목회자들은 어떤 마음이었을까? 물어볼 필요도 없이 너무 심기가 불편했을 것이다.

실제로 그 교회의 목사님은 자기 교인들 다수가 그 선교사가 세운 큰 건물의 교회로 옮겨갔다고 말했다. 그것은 현지인 목회자 입장에서는 여러모로 불공평한 게임일 수밖에 없다. 선교사가 한국 교회의 지원을 받아 단번에 엄청난 물적 투자로 근사한 교회 건물을 지어 놓고, 좋은 시설과 양질의 콘텐츠를 구비해서 목회를 시작한 뒤 동네 사람들을 대거 불러 모으고 때론 자신의 양들을 빼앗아 가니 어찌 공평할 수 있을까.

이 경우 선교사는 그들과 친구가 되는 것이 아니라 결국 적이 되는 셈이다. 지금은 한국에서 교회 청빙을 받아 이미 철수하신 그 선교사님의 목회적 열정과 헌신은 비교할 수 없이 대단했다. 나는 그런 분들의 헌신적 사역 자체를 폄하하고 싶지 않다. 나와 달라도 그분들의 선교적 소신과 신념을 존중하며, 또한 분명히 나름 의미가 있을 수 있다고 생각한다. 그러나 적어도 나는 선교적 열정과 헌신만이 중요한 것이 아니라, 그보다는 현지의 상황을 배려한 방향과 정책 그리고 본질이 더욱 중요하다고 생각한다. 잘못된 열정은 일을 더 망칠 수 있는 것이다.

어떤 경우 선교사 한 사람이 수십 개, 나아가 수백 개의 교회를 세워 주고 사역자들에게 매달 봉급을 주기도 한다. 그 규모로 볼 때 정말 놀라운 사역이 아닐 수 없으며, 한 사람당 사례비가 많진 않겠지만 매달 지급해야 하는 전체 사례비만도 막대한 비용이 될 것이다. 그러나 너무나도 안타까운 것은 수백 명의 그 사역자들을 사명자가 아닌 월급쟁이로 전락시키고 있는 것이 아닌가 하는 우려다. 또한 선교사 본인도 매달 모금해야 할 선교비가 엄청나기에 마찬가지로 힘에 겨운 일이 아닐 수 없다.

과연 그 교회들은 자립정신이 얼마나 있을까? 만일 그 선교사가 철수하거나 재정난으로 월급을 끊으면, 스스로 자립해서 일어설 교회가 얼마나 될까? 그러니 비록 시간이 오래 걸리더라도, 또한 대단히 어려운 일이라 할지라도 최소한의 물질 지원만으로 처음부터 자생할 수 있도록 인내심을 갖고 그 목회자와 교회를 양육하는 것이 바람직할 것이다. 최종적으로는 결국 그것이 진정한 선교의 열매로 견고하게 이어질 것이 분명하다. 시간이 걸리더라도 말이다.

이 문제와 관련해서 아프리카를 비롯해 빈민국의 원조에서 항상 거론되는 아주 유명한 이야기는 '모기장 공급'이다. 이것은 국제개발학에서도 중요하게 다루어지는 주제다. 서방의 선진국에서 아프리카 최빈국들 중 말라리아가 가장 심한 국가들에 수많은 모기장을 지급했다. 어떤 할리우드 스타는 모금 운동을 벌여 10만 장의 모기장을 중부 아프리카의 가나에 보내기도 했다. 얼마나 아름다운 나눔인가!

그러나 그 원조는 가나의 지역 및 국가 경제에 큰 타격을 입혔다. 모기장을 손수 만들어 공급해 온 가내 수공업자들이 모두 폐업을 하고 만 것이다. 그로 인해 모기장 재료 공급처를 비롯해 관련 업종들도 덩달아 타격을 입으며 내수 경기가 침체되고 산업 기반이 상당히 붕괴되었다. 또한 공짜로 모기장을 얻은 사람들은 그것을 모기장으로 쓰지 않고 고기 잡는 그물로 쓰거나 되팔아 먹는 등 모기장 공급의 목적은 거의 달성되지 못했다.

국제개발학에서는 이것을 '원조의 저주'라 부르는데, 왜냐하면 대량의 원조가 지역민의 자립심을 앗아 가면서 항존적 의존성과 빈곤의 쳇바퀴를 벗어나지 못하게 하는 결과를 낳고 말기 때문이다. "물고기를 주지 말고 물고기 잡는 방법을 가르치라"라는 유명하고도 단순한 원칙을 우리는 자주 망각한다. 묻지마 지원이 아니라 그들이 스스로 자립할 수 있는 시스템이 구축되도록 측면에서 돕는 것이 궁극의 해결책이다. 예외가 있겠지만 현지인을 위한 교회 건축도 마찬가지인 것이다.

한편 원조를 해주는 대부분의 사람들은 착각한다. 아프리카 사람들은 무능하고 게으르고 자립정신이 부족하다고. 천만의 말씀이다. 이것은 전적으로 잘못된 생각이요, 선교와 구제를 실천하는 사람들의 우월감에서 나온 오만한 편견이다. 아프리카 흑인들은 서양 제국주의가 그 땅을 침략하기 전에 수천, 수만 년을 스스로의 힘으로 살아왔던 사람들이다.

지금도 남아공과 아프리카 일대의 최대 기독교 세력으로 AIC(Africa Independent Church)라 불리는 수많은 아프리카 독립 교단들은 선교사들의 간섭과 물질의 지원을 거부하거나 심지어 불쾌하게 생각한다. 교회의 대규모의 살림과 활동, 그리고 전도와 선교를 스스로의 힘으로 수행한다. 그러니 우리가 그들을 혼자 힘으로 일어서지 못하는 유아적 존재들로 간주하는 것은 중대한 잘못이다. 다만 그들의 경우 조상 숭배와 무당, 동물 제사와 성물(聖物)의 사용 등 성경을 심각히 잘못 이해하고 있기에 그들 또한 필수적인 선교 대상으로 우리가 접근해야 할 교회들일 뿐이다.

내 생각에 전혀 동의하지 못하거나 심기가 매우 불편한 분도 있을 것이다. 나 또한 내 생각이 다 옳다고 단정하지는 않는다. 일평생 바르고 정직한 선교로 나와는 비교도 할 수 없이 위대한 열매를 맺으신 분들이 너무 많은데, 그분들께 나의 주장은 애송이의 건방진 잔소리로 들릴 수 있을 것이다. 내가 다른 면을 두루 보지 못하고 쉽게 예단하고 있는 것이라면, 그저 선교사로서 또한 목사로서 본질의 문제를 강하게 호소하다 저지른 실수로 생각하고 너그러이 이해해 주시길 바란다.

마음을 울컥하게 한 짧은 편지

　　가끔 선교에 대한 나의 소신이 틀리지 않았다는 것을 내가 가르치는 목회자와 학생들을 통해 확인하곤 한다. 얼마 전 토요일 ABBA 디플로마 과정 수업이 있던 날, 나와 동료 선교사 한 분은 오전 9시부터 오후 5시까지 하루 종일 강의를 쏟아 부었다. 그날 나는 네 시간의 강의와 기도회 인도를 해야 했다. 그날은 특히 더 다들 눈에 불꽃이 튈 만큼 수업 열기가 뜨거웠다. 합심하여 드린 공동의 마침 기도는 강렬했고 오랜 여운을 남겼다.
　　그런데 강의를 마친 후 파김치가 되어 집에 돌아왔을 때, 현지인 목회자인 한 학생에게서 뜻밖의 장문의 문자를 받았다. 학급의 반장으로서 학급을 대표해서 나에게 보낸 문자였다. 문자로 받았어도 내용이 조금 길어 일종의 짧은 편지인 셈이었다.

"…우리는 선교사님이 이곳 남아공 목회자들을 위해 지속적으로 해 오신 모든 일에 대해 무척 감사를 드립니다. 또한 우리를 가르치시고 우리 모두에 대해 인내심을 가지시면서 부단히 애쓰고 희생하시는 것에 감사드립니다. 개인적으로 선교사님이 ABBA를 위해 얼마나 열심히 기획하고 헌신하시는지 잘 알며 고맙게 생각합니다.
(중략) 우리는 현재 많은 것을 받고 있으며 또한 항상 더 많은 것에 굶주려 있습니다. 선교사님의 삶에 지혜를 주시도록 하나님께 기도하겠습니다.(후략)

(…We are very grateful for all which you continue to do for us pastors of South Africa. Thanks for your consistency and sacrifice you have done for us, teaching and being patient with all of us. Personally, I appreciate all of your devotion and plans that you have about ABBA. (중략) We are really receiving a lot and always hunger for more. I pray to God for wisdom over your life.)

편지를 읽고 잠시 울컥하면서 마음이 뜨거워졌다. 선교사에게 이보다 더 보람된 순간이 있을까.

나는 넉넉한 선교사가 아니라서 그들에게 줄 물질이 없다. 그리고 나의 선교 철학과 소신 또한 물질 중심의 선교는 사람을 망치고 복음을 방해한다는 것이다. 그래서 지금까지 그 누구의 교회도 지어 준 적도 없고, 한 아름 물질로 누군가를 도와준 적도 없었다.

그럼에도 이분들은 지금 나에게 많은 것을 받고 있으며, 또한 더 많은 것에 굶주려 있다고 말하고 있는 것이다. 다시 말해, 우리를 통해 하나님 말씀의 맛을 알았고 이제 더욱 갈급하다는 이야기다. 그러니 나는 가슴이 뭉클해질 수밖에 없었다.

현지 학생들과 지도자들 그리고 목회자들이 실제로 부족하고 아쉬운 부분들이 많으며, 때론 그들의 게으름과 잘못에 대해 따끔한 책망도 했지만, 나는 언제나 웃음으로 많이 참고 기다려 주려고 애썼다. 그리고 묵묵히 성경을 가르쳤다. 그들이 바로 그걸 무척 고마워하고 있었다. 그들도 그걸 다 알고 있었던 것이다.

어느 날 급기야 그들은 깜짝쇼를 벌였다. 가난한 학생들이 스스로 조금씩 돈을 걷어 나를 포함해 그 학기에 그 지역에 강의를 나가던 선교사님을 위해 특별 의상을 준비해 선물로 준 것이다. 그것은 부담이 확 드는 빨간 원색의 멋진 현지인 부흥사 복장이었다. 나는 너무 큰 감동을 받았다. 내가 좋아하는 스타일이 아니라 입기가 부담되었지만, 그 후로 한동안 주욱 그 옷을 입고 강의했다. 물질보다 사람이 먼저라는 나의 선교적 신념, 나의 마음을 그들이 이제 알아주고 있었다. 그저 그들이 고마울 뿐이다.

앞서 말한 대로 물질을 퍼줄 때는 일시적으로 사람이 모이나, 정작 물질이 사라지면 그와 더불어 사람들도 모두 순식간에 없어지고 만다. 나는 이것을 이곳 남아공 선교 현장에서도 무수히 목격했다. 그러나 사랑을 퍼주고 희생과 인내로 기다려 줄 때는 물질이 없더라도 사람이 여전히 거기 있고, 오히려 그들이 우리와 친구가 되고 싶어 한다. 결국 사람이 남는 것이다. 바로 이것이 선교의 본질이며, 복음의 정신일 것이다.

다음에서 소개할 조선 최초의 교회들의 두 가지 사례는 선교사들과 한국 교회의 바람직한 선교 정책과 방향이 무엇이어야 하는지 분명하게 이야기해 준다.

소래교회는 한국에 세워진 최초의 교회다. 1884년에 서상륜의 주도로 세워진 것으로 알려진 이 교회는 처음에 약 20여 명의 신자들이 예배를 드리기 시작했다. 소래 마을에서 그들이 모인 예배당은 조선 관청의 감시를 피하기 위해 마련된 산간 구석의 초라한 초가집이었다고 전해진다.

머지않아 소래 마을은 58세대 중에 50세대가 복음을 받아들인 가운데 소래교회에 80명이 넘는 사람들이 모이고 있었다. 자연히 새로운 예배당이 필요하게 되었고, 마을은 공동 의회를 열어 교회 건축을 결정한 뒤 건축 위원회를 조직하고 건축에 필요한 헌물과 헌금을 모았다.

당시 소래교회는 캐나다 선교사 매켄지의 지도를 받고 있었지만 순수한 조선인들의 힘으로 교회를 건축하기로 결정했는데, 건축비로 현금만 17만 냥이나 드는 큰 공사였다. 조선인의 교회를 조선인의 힘으로 세우는 이 운동에 심지어 동학도들도 건축 헌금에 참여하여 소래교회 건축을 도운 사실은 매우 흥미로운 일이다. 당시 외세에 시달리던 조선인들의 민족정신이 종파를 초월했음을 보여 주는 것이다. 현금 외에도 어떤 사람은 자신의 선산의 품질 좋은 소나무를 건축 자재로 기증했고, 많은 사람들이 수십 일을 건축을 위해 봉사했다.

소래교회 건물이 들어선 자리는 수백 년 동안 마을 사람들이 귀신에게 제사를 지내던 서낭당 자리였다. 우상 숭배의 장소가 하나님을 예배하는 장소로 바뀐 것이다.

한편 소래교회 건축 소식은 당시 언더우드 선교사에게도 들렸다. 소래교회 역사 기록에 따르면, 그는 소래교회의 재정 형편을 잘 알기에 미국 교회로부터 도움을 받아 건축 자금 일부를 지원하겠다고 제의했다. 그러나 소래교회 성도들은 이를 정중히 거절했다. 서상륜은 "그 제안은 고마운 일이나 우리가 우리의 예배당을 세우는데 외국의 원조를 받는다는 것은 본의에 어긋나는 일이며 후세에 전하는 데도 명예롭지 못한 일이므로 받아들일 수 없다"라고 말했다.

이렇게 해서 1895년 7월 8일, 드디어 8칸짜리 기와지붕의 소래교회 예배당이 완성되었다. 조선 최초의 교회인 소래교회는 또한 최초로 예배당을 건축한 교회이기도 했는데, 이와 같이 외부의 지원이 전혀 없이 순전히 조선인 자력으로 지어진 교회였다.

한편, 두 번째 예배당 건물로 세워진 새문안교회 건축 이야기는 더욱 감동적이다. 처음 언더우드 선교사의 사랑방에서 시작된 이 교회는 얼마 지나지 않아 사람들이 몰려들어 건물이 시급히 필요하게 되었다. 그러나 새문안교회 성도들은 대부분 농부와 가난한 상인들을 비롯한 하층민이어서 건축은 엄두도 내지 못하고 있었다. 그러다 1895년 여름, 서울 전역에 무서운 전염병인 콜레라가 발생했다.

서양 의료 선교사들과 목사들은 콜레라 퇴치 방법을 잘 알고 있었다. 이미 앞서 1886년 콜레라가 서울에서 발생한 바 있었는데 당시 6,152명이 희생되었다. 서울 인구 15만 명 대비 100명당 5명이 죽은 꼴이었다. 그런데 선교사들에게는 백신이 있었기에 한 명의 감염자도 생기지 않았고, 선교사들의 지침을 따른 사람들은 피해자가 거의 없었으며, 또한 많은 콜레라 환자가 완치되었다. 하지만 소독약을 뿌리고 음식을 날것으로 먹지 말고 잘 씻으라는 선교사들의 지침을 따르지 않고 미신에 의존해 무당을 찾아가 비위생적 방법을 따른 사람들이 대거 콜레라에 걸려 희생되었다.

그 후 1895년, 서울에 다시 콜레라가 퍼지자 조선 조정은 살고 싶으면 모두 서양 선교사들의 기독교 병원을 찾아갈 것이며 그들의 지침을 따르라고 시내 곳곳에 방을 붙였다. 그런데 언더우드를 중심으로 한 선교사들의 인력은 턱없이 부족했다. 언더우드는 조선인 자원봉사자들을 모집해야 했다. 자연스럽게 언더우드가 설립해서 사역하는 새문안교회 성도들 다수가 봉사자로 자원했다. 선교사들과 봉사자들은 목숨을 아끼지 않고 콜레라에 맞서 백성들을 구하는 일에 전력을 기울였다. 이러한 노력의 결과 콜레라가 마침내 퇴치되었다.

조선 조정은 언더우드와 선교사들에게 현금과 큰 선물로 감사를 표했다. 나아가 선교사들을 도와 목숨을 걸고 콜레라 퇴치에 앞장선 조선인 봉사자들에게도 큰 상금을 하사했다. 그런데 놀라운 일이 시작되었다. 대부분 새문안교회 성도들이었던 그 자원봉사자들은 그 돈은 하나님께서 주신 것이라고 믿었다. 개인적으로는 아주 가난한 삶으로 어려움을 당하고 있었음에도, 교회 건축이 긴급한 상황에서 그들은 그 돈을 감히 자신들을 위해 사용할 수 없었다. 그것은 교회 건축을 위한 그들의 오랜 기도의 비상한 방식의 응답이 분명했기 때문이다. 그 돈은 사실은 그들의 목숨 값이었다. 그럼에도 그들은 봉사의 대가로 받았던 상금을 교회 건축을 위해 기꺼이 내놓은 것이다. 그리하여 새문안교회는 최상의 건축 자재를 사용해서 크고 널찍한 최고의 예배당을 지을 수 있게 되었다.

바로 이것이 조선 교회의 힘이었다. 이렇게 한국 최초의 두 교회 예배당은 순전히 조선인들의 자력으로 건축되었으며, 이것은 추후 한국 교회의 전통이 되었다. 물론 그 후 어떤 교회들은 서양 선교사들의 부분적인 지원하에 건축이 이루어졌지만, 기본적으로는 조선인의 교회는 조선인 힘으로 세우는 전통이 확립되었다.

이러한 조선 교회의 자력 정신은 1890년에 도입된 서양 선교사들의 네비우스 정책(Nevius Plan)의 영향을 받은 측면이 있다. 자립(self-supporting), 자치(self-government), 자전(self-propaganda)의 3대 원칙을 근간으로 한 네비우스 정책은 조선 교회에 대한 외부 선교사들의 지원을 최소화하고 조선 교회가 스스로의 힘으로 일어서는 것을 목표로 하였다.

그러나 여러 사료들은 이미 네비우스 정책이 도입되기 전부터, 복음을 받아들인 조선인들은 스스로의 힘으로 많은 교회들을 세워(자립), 자력으로 운영하며(자치), 복음 증거(자전)에 힘을 기울였음을 증거하고 있다. 이것이 네비우스 정책과 맞물려 조선 교회의 전통으로 자리 잡게 된 것이다. 오늘날 역사상 유례를 찾기 어려운 한국 교회의 놀라운 성장의 비결은 바로 여기에 있다고 할 수 있다.

이와 같은 초기의 한국 교회의 자립정신은 오늘날 각 대륙의 모든 선교지의 모본이어야 한다. 하지만 선교사들은 현지 교회가 자력으로 설 수 있도록 도와야 함에도 무분별한 물질 지원과 교회 건축 지원에 힘을 기울이는 실정이다. 이것이 선교지에서 얼마나 잘못된 결과를 낳는지는 이미 위의 몇 가지 사례를 통해 살펴본 바 있다.

선교지에 따라 건물 건축은 신중히 생각해야 한다. 조선의 선교사들이 그랬던 것처럼 낙후된 지역과 국가에 학교와 도서관, 혹은 병원을 짓는 것은 분명 바람직하다. 그러나 많은 선교사들이 현지의 필요와 무관한 수천, 수억, 심지어 수십억짜리 건물을 덜컥 지어 놓고선 헛것을 만들곤 한다. 자칫 성도들의 귀한 엄청난 헌금이 공중으로 사라진다.

특히 선교지에 오자마자 건물부터 지으려 하는 것, 선교사들은 이런 일은 지양했으면 하고 또한 한국 교회도 너무 성급하지 않았으면 한다. 이것은 현지 사정을 전혀 고려하지 않고 시급히 과시적 업적을 내놓으려 집착하는 선교사의 일방적 욕심과 과욕에 기인한 것인 경우가 많다. 현장의 형편과 상황도 모르면서 용도를 신중히 고려치 않은 건물을 짓는 것은 그 자체로 모순인 것이다. 어떤 국가의 나와 친분이 있는 선교사님은 20년이 넘게 사역하고서 그제야 건물이 필요하니 근사하게 올리시는 것을 봤다. 꼭 5년, 10년 이상이어야 한다는 게 아니라, 사역을 해보고 필요 중심으로 건물을 올리되, 교회 건축의 경우는 지원을 하더라도 최소한 현지인의 물질과 땀이 수반된 공동 작업으로 이루어지는 것이 바람직하다는 것이다.

십수 명이 동역하며 함께 세워 나간 ABBA 신학교는 그동안 그 누구도 물질로 교회 건축을 지원해 준 적이 없는, 돈 들지 않는 선교 사역을 해왔다. 그럼에도 지난 8년간 많은 현지인 목회자들이 우리를 찾아와 말씀 훈련을 받았다. 나는 모든 선교사가 꼭

ABBA처럼 해야 한다고 주장하는 것이 아니다. 현지인을 위한 사역은 신학교나 성경학교 외에도 얼마든지 다양한 방식으로 가능하다. 제자 훈련, 어린이 사역, 청소년 전문 사역, 성인 성경 교육, 마을을 위한 생활 교육 등등 돈을 별로 안 들이고도 사람을 세우는 말씀 사역을 할 수 있다. 분명 필요 중심의 건물은 올라갈 수 있으나, 나는 일차적으로 사람 건축이 더 중요하다는 것을 강조하는 것이다.

    선교는 말씀을 가르치고 복음을 증거하는 일이며, 선교사는 그 일을 위해 부르심을 받았다. 물질을 주고 교회 건물을 지어 주는 것은 주된 사역이 아니다. 신약성경 어디를 보아도 사도들과 제자들에게서 발견되는 것은 오직 복음만을 증거하고 말씀만을 가르쳤던 모습뿐이다. 이것이 진정한 선교사의 모습인 것이다.

아프리카 복음화는 누가 해야 하나

다른 대륙과 별반 다르지 않게 아프리카에는 슬프게도 제국주의와 더불어 기독교가 전파되기 시작했다. 서양 선교사들은 제국주의 국가의 상업선과 노예선에 승선해서 아프리카 땅을 밟았고, 제국의 비호 아래 복음을 전하는 일을 했다. 따라서 아프리카의 자원 착취와 비극적 노예 매매에 대하여 당시 선교사들은 역사적 비판에서 자유로울 수 없다. 그들은 의도하지 않았을지라도 제국주의의 동반자였기 때문이다.

노벨 평화상 수상자인 남아공의 데스몬드 투투 주교는 다음과 같은 유명한 말을 남겼다.

"백인 선교사들이 아프리카에 왔을 때 그들은 성경을, 우리는 땅을 가지고 있었다. 그들은 말했다. '우리 기도합시다.' 우리는 눈을 감았다. 우리가 눈을 떴을 때 우리는 성경을, 그들은 땅을 가지고 있었다."

이런 비판의 소지가 있기는 하지만, 오직 순수한 복음의 열정만을 가지고 목숨을 걸고 아프리카로 들어온 유럽의 선교사들도 많다. 특히 18세기와 19세기 초의 아프리카 선교사들은 정말로 오직 예수의 복음을 위해 목숨을 내놓은 사람들이었다. 당시 약도 없었던 말라리아 등의 풍토병으로 선교사들은 수도 없이 많이 죽었다. 가족들이 몰사하는 경우가 허다했고 이로 인해 아프리카는 '백인들의 무덤'이라 불렸다.

선교사들은 높은 사망률에도 아랑곳하지 않고 복음을 전하기 위해 성경을 들고 아프리카에 계속 들어갔다. 그들의 선교 이야기를 읽다 보면 눈물이 나오지 않을 수 없다. 진정으로 목숨을 건 선교였기 때문이다. 제국주의의 앞잡이 노릇을 하거나 타락한 선교사들도 많았으나, 노예 매매를 반대하면서 아프리카 사람들을 하나님의 동등한 자녀로 옹호한 선교사들이 더 많았다.

원래 중국 선교사였던 알렉산더 맥케이는 아프리카의 우간다로 떠나면서 이런 말을 남겼다고 한다.

"6개월 이내에 당신들은 아마 우리 중 누군가가 죽었다는 소식을 들을 겁니다. 그 소식을 들을 때 낙담하지 말고 다른 누군가를, 그 빈자리를 채울 수 있도록 즉시 보내십시오."

맥케이 선교사 일행은 여덟 명이었는데, 우간다에 도착한 지 3개월 만에 세 명이 죽고, 불과 2년 안에 맥케이를 제외하고 모두 사망했다. 결국 맥케이는 홀로 살아남았다. 그러나 그 역시 12년 동안 버티다 열병으로 쓰러지고 말았다.

라이베리아의 선교사 멜빌 콕스는 1833년 도착 후 불과 4개월 만에 풍토병으로 사망했는데, 그의 마지막 기도는 이것이었다.

"천 명이 죽더라도 아프리카를 포기하지 말게 하소서."

그 결과 아프리카 대륙은 무슬림의 세력 확장에도 불구하고 북부를 제외한 중부의 많은 지역과 남부의 대부분이 오래전에 기독교화되었다. 남부는 기독교인이 70~80퍼센트에 이르고, 중부도 무슬림과 경쟁하는 가운데 40~50퍼센트에 이른다. 물론 앞서 말한 제국주의의 정책을 통해 많은 부족들이 강압적으로 혹은 추장 한 사람의 결단에 따라 집단 개종을 한 측면이 없지 않다. 그럼에도 수많은 선교사들의 희생을 통해 복음이 이 대륙에 뿌려진 것도 분명한 사실이다.

문제는 오늘날 그 통계상의 남부 아프리카 국가들의 기독교인들은 명목상의 기독교인이며 문화적 기독교인이라는 사실이다. 또한 기독교인 듯하나 전혀 엉뚱한 복음을 배우고 매우 잘못된 전통과 융합된 형태도 많다. 조상 숭배는 물론이고, 무당을 수용하고 동물 제사를 드리는 경우가 허다하며, 어떤 종파의 설립자는 그 사람의 이름으로 세례를 주고 예수님과 동급으로 우상시되며 대를 이어 그의 아들과 손자가 더불어 유사 삼위일체로 신성시되기도 한다. 따라서 그들의 기독교는 일부를 제외하고 이단이거나 변질된 유사 기독교라 할 수 있다. 정기적인 교회 출석을 하는 중생한 그리스도인은 많지 않다. 이곳 선교사들은 대체로 기독교인 중 불과 3~5퍼센트만이 거듭난 그리스도인일 것으로 보고 있다.

이런 상황에서 현재 중남부 아프리카는 무슬림의 남하 정책과 공격적 선교로 그 세력이 무섭게 확장되고 있는 추세이며, 남아공에도 최근 몇 년 사이에 엄청난 규모의 이슬람교 사원들이 들어서고 있으며 무슬림 신도가 약 50만에 이른다. 무슬림 연구가들에 따르면 남아공은 현재 무슬림의 전략적인 포교 국가라 한다. 남아공이 아프리카에서 갖는 특별한 위상과 강력한 영향력 때문이다.

남아공은 아프리카 대륙의 총 생산량의 30퍼센트를 차지할 만큼 경제적 영향력이 크며, 사회·문화·교육·종교 등 모든 분야에서 중남부 아프리카에 절대적인 영향을 끼치고 있다.

그 영향력은 아프리카 대륙의 복음화에서도 마찬가지다. 다른 국가들도 물론 각기 중요하겠지만, 남아공은 아프리카 복음화를 위해 특히 중요한 나라다. 나는 그래서 늘 주변 한인들에게, 그리고 ABBA 학생들에게 이렇게 힘주어 말한다.

"남아공이 잘돼야 아프리카가 잘됩니다. 남아공 교회가 바로 서면, 이웃 아프리카 국가들의 교회가 바로 섭니다."

주일이면 늘 그래 왔던 것처럼, 어느 주일에 나는 ABBA 학생의 사역지를 방문하게 되었다. 담임은 이미 꽤 근사한 학교에서 박사 학위까지 받고 제법 규모 있는 교회를 목회하고 있었고, 부목사가 ABBA에서 아주 열심히 공부하고 있었다. 가서 보니 교회는 앰프와 전자 오르간이 합선 사고로 모두 망가진 상태였다. 느닷없이 얼마 전부터 나더러 교회를 방문해 달라고 적극적으로 요청했던 이유를 조금은 짐작할 수 있었다.

나는 현지인 교회를 가면 두 개의 특강을 연속적으로 진행한다. 도합 한 시간 이십 분이 걸리는 특강이다. 첫 번째 강의는 '한국의 기적, 그 비결은 무엇인가?', 두 번째 강의는 '초기 조선교회 이야기'이다. 둘 다 모두 심혈을 기울여 내가 직접 제작한 여러 동영상과 사진들로 구성된 프레젠테이션 강의다. 방문해서 강의했던 교회나 집회마다 그 반응은 놀라웠는데, 그날은 더욱 그러했다.

첫 번째 강의는 처참한 일제 강점기의 억압과 곧 이은 한국전쟁의 비극을 이야기함으로써 시작한다. 모든 것을 잃었으나 절망을 딛고 '무'(無)에서 이룩한 한국의 기적에 대한 이야기이다. 산업화와 민주화의 성취가 균형 있게 다루어지는 가운데 많은 감동적인 사진과 이야기가 등장한다. 기적의 비결은 위대한 지도자들, 국민의 희생, 미래를 향한 꿈, 자녀를 위한 헌신, 교육, 기독교인들의 신앙과 기도, 하나님의 은혜, 이것이었다고 말해 준다.

그러나 첫 번째 강의는 두 번째 강의를 위한 준비 작업에 불과하다. 역시 여러 사진과 사료, 그리고 영상을 가미해서 조선 교회의 강한 자립정신을 강조하는 내용인데 선교지에서 더욱 중요한 강의이다. 네비우스 정책(자전, 자영, 자립)에 대해 가르치되, 사실상 네비우스 정책 이전에 조선 교회는 스스로의 힘으로 전도하고 교회를 건축하고 운영하며 선교사를 보냈음을 강조한다.

강의는 바로 앞서 말한 조선 최초의 교회와 두 번째 교회였던, 소래교회의 건축과 새문안교회의 건축 이야기에서 절정에 이른다. 그 교회들이 전적으로 조선 사람들의 힘으로 이루어졌음을 말하면서 아프리카의 희망을 이야기한다. 그들의 위대한 정신 '우분투'를 일깨워 준다.

이날 반응은 어느 교회보다 뜨거워 강의 도중에 그들은 소리를 쳤다. 손을 들고 환호성을 지르는가 하면, 손으로 얼굴을 감싸고 기도했다. 강의를 마쳤다. 지금까지 했던 그 어떤 때보다 성령께서 강하게 임재하신 강의였다.

담임목사님이 크게 감동을 받은 듯 표정이 상기된 채 자리에 앉을 줄을 모르고 있었다. 그리고 교인들 앞에 나가 그 감동을 함께 나누며 솔직하게 고백했다. "오늘 김 선교사님을 부른 이유는 솔직히 우리 교회 음향 기기가 모두 망가져 도움을 구하고 싶은 마음이 있었기 때문입니다. 그러나 이제 깨달았습니다. 그게 얼마나 잘못된 생각인지를. 사랑하는 여러분, 우리 힘으로 이 장비를 구입합시다. 그리고 우리 함께 꿈을 꿉시다. 김 선교사님 말씀대로 언젠가 우리 교회에서 아프리카 위쪽의 나라들에 선교사를 보내는 꿈을 꿉시다."

예배를 마친 후, 그 담임목사님이 내게 고백하셨다. "나는 몇 년 전에 어떤 한국 선교사님의 초청으로 한국에 초청을 받아 간 적이 있었습니다. 그때 한국을 보고 크게 놀랐습니다. 모든 것이 발전한 나라였습니다. 큰 교회들과 수많은 십자가들을 보고 충격을 받았습니다. 경이로운 나라였습니다. 그런데 나는 정말 전혀 몰랐습니다. 한국이 그토록 비참한 과거를 지닌 나라였는지. 그 무서운 전쟁을 겪고 모든 것을 잃었던 나라였는지…. 나는 오늘 강의를 통해 너무 큰 충격과 감동을 받았습니다."

그분이 내게 했던 말을 그대로 옮긴 것이다. 그 목사님은 한국을 다녀왔지만, 자립정신보다는 의존심이 더욱 강화되어 남아공으로 돌아왔다. 그분을 누가 한국에 데려갔었는지 모르나 나를 통해 깨닫기 전까지 그분은 헛된 망상만 품고 있었다.

아프리카 선교는 결국은 이 땅의 사람들, 즉 흑인 교회들의 몫이다. 한인 선교사들은 장차 남아공의 흑인 교회들이 스스로의 힘으로 아프리카 선교의 사명을 해내도록 격려하고 실제적으로 돕는 일을 해야 할 것이다. 내가 남아공에서 여러 선교사님들과 공동 사역으로 섬기는 ABBA 신학교의 궁극적 목표는 바로 거기에 방점이 찍혀 있다.

Part 5
복음은 변방의 역사다

"이 동네 봉제 공장들에
명절이 돼도 돈이 없고 갈 데가 없어
고향에 못 내려가는 나의 성도들이 너무 많아.
그러니 내가 어떻게 고향에 가겠느냐."

나의 파송 교회 이야기

나의 파송 교회는 '김제죽산교회'이다. 전라북도 김제시 죽산면, 농촌의 면 소재지에 있는 교회로 80년이 넘는 전통을 자랑하는 교회다. 한때 죽산면이 쌀농사의 중심이어서 인구가 아주 많아 300~400명이 나오던 교회였으나, 지금은 여느 농촌처럼 인구 감소와 이농으로 200여 명의 성도가 출석하고 있다.

나는 남아공으로 들어간 뒤 이윽고 교단 선교회인 GMS 소속의 선교사가 되었지만, 6년간 파송 교회가 없이 사역을 하다 결국 감당하기 어려운 빚더미에 눌러 앉게 되어 한국으로 철수까지 생각했었다. 그러다 2010년도에 나의 최악의 상황을 알게 되신 신대원의 스승이셨던 서철원 교수님의 소개로 현재의 파송 교회를 만났다.

솔직히 고백하자면, 처음엔 마음에 내키지 않았다. 딱 하루 동안…. 왜냐하면 나도 남들처럼 대도시의 근사하고 꽤 유명한 교회의 파송 선교사가 되어, 빵빵한 후원을 받으며 멋지게 사역하여 여기저기 알려지는 잘나가는 선교사가 되고픈 인간적 마음이 들었기 때문이다. 그러나 그날 저녁 기도하는 중 하나님께서 내게 두 가지를 말씀하셨다.

"때묻지 않은 시골 노년의 성도들의 기도를 생각하거라."

"복음은 변방의 역사다. 로마의 변방, 무명의 작은 촌락 나사렛에서 그리스도의 복음의 역사가 시작되었음을 기억하거라."

그날 저녁, 나는 한 번도 뵌 적이 없는, 그 시골의 80년 전통을 자랑하는 신앙의 연륜이 있는 성도들의 모습을 떠올렸다. 그들의 기도가 귀에 들리고 두 눈에 보였다. 후원금이 얼마일지는 말해 준 적도 내가 물어본 적도 없고, 또한 궁금하지도 않았다. 오로지 나는 그 '순결한 시골 교회의 기도'를 놓치고 싶지 않아 아침이 되자 즉시 담임이신 김경신 목사님께 연락해서 찾아뵙고 인사드리겠다고 말씀드렸다.

그리고 몇 주 후 죽산교회의 파송이 결정되었다. 나는 어느 주일에 성도님들께 인사 겸 오후예배 설교를 부탁받았다. 이 과정에서 알게 된 것은 내가 교회 80주년 기념으로 첫 번째로 파송을 받는 영예를 누리게 되었다는 것과 담임목사님이 브라질에서 3년간 선교 사역을 한 선교사 출신이셨다는 사실이었다. 참으로 하나님께 감사한 일이 아닐 수 없었다.

설교단에 올랐다. 그날 기도하던 저녁, 머릿속에 떠올려 보았던, 머리가 희끗한 그 연륜 깊은 많은 성도님들이 자리에 앉아 계셨다. 그런데 그분들을 보는 순간, 내 눈에서 눈물이 쏟아졌다. 다른 이유가 아니다. 조국 교회…. 오늘의 조국 교회가 바로 저분들의 깊은 기도와 헌신으로 있게 되었다는 생각이 들면서 감사한 마음이 솟구쳤고, 동시에 그렇게 눈물로 세워진 현재의 조국 교회가 이토록 처참히 망가지고 무너지게 된 현실이 죄송하고 안타까워 눈물이 쏟아진 것이다. 5분 동안이나 눈물이 앞을 가려 설교를 할 수 없었다. 그러다 겨우 마음을 다잡아 설교를 잘 마칠 수 있었다.

나를 파송해 준 교회가 너무나 고맙고 자랑스럽다. 물질적으로도 교회의 역량이 닿는 만큼 힘껏 지원해 주시며 무엇보다 기도회 때마다 나와 나의 가족을 위한 기도를 최우선순위로 올려놓고 뜨겁게 기도해 주신다. 사역 현장에서 나는 이 기도의 지원을 수도 없이 경험하고 있다. 내가 가는 곳에는 이상하게 잘 안 될 일도 그냥 풀리고 잘 진행되곤 하기 때문이다. 어디를 가면 그냥 거기에 준비된 수많은 사람들이 모여 있고, 별다른 이유도 없는데 부흥의 역사가 나타난다. 그리고 지역의 리더십이 세워지는 분명한 열매로 이어진다.

그래서 한동안 입에 달고 다니는 고백이 있었다. "이건 정말 하나님께서 일을 하시는 것이다." 나로서는 ABBA를 비롯한 나와 아내의 여러 사역이 순조롭게 진행된 것이 조국 후원자들의 기도와 특별히 나의 파송 교회 성도들의 '순결한 기도' 지원 때문이라고밖에는 설명할 길이 없다.

　복음은 변방의 역사다. 시골의 역사다. 결코 대도시의 큰 교회나 중대형 교회를 무시하고자 함이 아니다. 분명 그들의 복음 사역과 기도, 그리고 선교 후원을 통해서도 하나님께서는 위대한 일을 해오셨다. 그러나 하나님께서는 내게 변방의 시골 교회를 바라보게 하셨고, 그분들의 오랜 신앙의 연륜이 깃든 깊은 기도를 주목하게 하셨다. 그리고 하나님께서는 그분들을 통해 현재 당신의 일을 행하고 계시고, 나 또한 그렇게 쓰임 받고 있을 뿐이다. 약한 자를 들어 강하게 하시는 우리 하나님이시다.

미래를 책임질 선교사 자녀들

복음의 역사는 어린아이들을 통해 계속 일어날 것이다. 특히 선교사 자녀들은 앞으로 조국과 세계 복음화를 위한 중요한 자원들이다. 그러나 그들은 이국땅에서 부모 못지않게 많은 고통과 어려움을 겪으며 자란다. 특히 문화적 혼란과 더불어, 가치관 및 정체성의 혼란을 겪는 모습을 볼 때 마음이 안쓰럽다.

내가 아는 어느 필리핀 선교사님의 어린 딸과 관련된 재미있는 에피소드다. 그분이 어느 곳에 올렸던 글을 직접 인용해 본다.

초딩 딸 한국말이 서툴다. 나랑 성경퀴즈를 하는데 내가 답을 맞히니,
"아~ 아빠 대가리 좀 돌아가는데…."
"야! 대가리는 생선한테만 쓰는 거야!" 에고고….

"대가리"란 표현이 좀 세긴 했지만, 너무 재미있어 한참을 웃었다. 이민하신 분들이나 해외 장기 체류자들도 그러하겠지만, 선교사의 자녀들도 자라면서 흔히 정체성 혼란에 빠진다. 자신이 한국인인지 아닌지 혼란스러워하는 것이다. 특히 어린 자녀들이 한국어가 완전하지 않아 위와 같은 해프닝이 많이 발생한다. 그래서 아프리카 선교사님들도 비슷한 일을 종종 겪으며 나 또한 마찬가지다.

한번은 어떤 사람이 선교사님 집에 전화를 했는데 초등학생 딸이 받았다. 그런데 아빠는 출타 중이시고 엄마는 집안일을 마치신 뒤 잠시 쉬는 중이었나 보다.

"그래 ○○니? 엄마 좀 바꿔 줄래?"

"네, 안녕하세요? 엄마는 지금요 자빠져 계세요."

선교사 자녀들의 이런 식의 언어 혼란은 일상적인 일이다. 영어식 표현과 헷갈리면서 "안경을 입었다," "신발을 입었다"라는 식의 표현은 기본이다. 그걸 "신발을 신었다"로 바로잡아 주니 나중에는 "바지를 신었다"라고 하는 것이다.

다른 한 분의 목사님 집에서는 가정 예배를 드리는데 하루는 많은 사람이 애창해 온 찬양을 불렀다고 한다. "신실하게 진실하게, 거룩하게 살게 하소서." 그런데 초등학교 6학년인 아들이 발음이 잘 안 돼 이렇게 부르더라는 것이다. "싱싱하게 싱싱하게, 거룩하게 살게 하소서."

그 녀석은 실제로 참 '싱싱하게' 생겼는데, 2014년 남아공의 〈로봇 올림피아드〉에서 우승해 러시아 세계대회에 진출하는 등 무지 똘똘하다. 이 녀석이 언제나 나를 "김결렬 목사님~"이라고 부른다. 뭐가 자꾸 그리 결렬되는지.

내게는 아들만 셋이 있는데, 세 아이 중 첫째는 5세 때 남아공에 와서 2014년 현재 15세이고, 둘째는 1세 때 와서 11세, 셋째는 이곳에서 태어나 현재 7세다. 그런데 다른 가정과 달리 의아한 것은 우리 세 아이는 영어와 현지어 습득이 모두 무척 느리다는 것이다. 그럼에도 자라면서 겪는 아이들의 언어 혼란과 사고방식의 차이는 어쩔 수 없다. 어떨 때는 부모로서 아이들의 정체성 혼란을 보면서 안타까운 마음이 든다.

또한 너무도 어린 나이에 엄마 아빠를 따라 언어도 잘 통하지 않는 이국땅 선교지에 와서 갖은 마음고생을 하며 자라 온 아이들을 생각하면, 나는 가끔 눈물이 나곤 했다. 지금은 의젓하게 자란 첫째 아이 유민이를 유치원에 처음 보내던 때, 한 달 동안이나 아이가 겁을 먹고 집 밖을 나서지 않으려던 모습이 지금도 눈에 선하다. 어린 녀석이 말도 통하지 않는 곳에 온종일 홀로 내버려진다는 것이 너무도 무서웠을 것이다. 그런 과정을 다 이겨 내고 잘 자라 준 아이들이 고마울 뿐이다.

선교지에서도 자녀 교육은 선교 사역과 더불어 부모들의 가장 크고 중요한 사명의 하나다. 그런데 가만히 관찰해 보면, 주변의 선교사 자녀들은 거의 대부분 건강하고 아름답게 자란다. 이것은 나만의 생각이 아니라 많은 사람들의 공통된 생각이며 실제로 그러하다. 많은 아이들이 현지의 중고등학생 시절부터 두각을 나타내며, 마침내 여러 좋은 대학들에 진학하고 뛰어난 능력을 발휘한다. 나는 그것을 선교사 가정을 향한 하나님의 특별한 은혜 때문이라고 본다.

가끔 자녀들의 언어 혼란과 한국적이지 않은 다른 가치관으로 인해 이런저런 우스운 일이 생기나, 커갈수록 다들 김치도 잘 먹고 된장·고추장에 중독되는 모습을 보면 영락없는 한국인이다. 선교사의 자녀들이 '싱싱하게 싱싱하게' 거룩하게 잘 자라 주니 하나님의 은혜가 그저 감사할 뿐이다.

비록 아빠 머리를 '대가리'라고 표현하기도 하지만, 선교사 자녀들은 이렇게 잘 성장하고 있다. 앞으로 이들은 부모의 위대한 선교의 유산을 승계하여 하나님의 귀한 일꾼들로 전 세계의 각 영역에서 놀랍게 쓰임 받는 커다란 영적인 '머리들'이 될 것이다.

작은 교회 큰 목회

나는 선교지인 남아공에 집중해야 하지만, 선교사의 조국은 대한민국이기에 늘 조국 교회를 생각하고 걱정한다. 조국을 방문할 때마다 느끼는 점은 한국은 많은 농촌 교회들과 작은 교회들도 선교의 열기는 뜨겁다는 점이었다. 기독교가 많은 지탄을 받고 있는 현실이지만, 저변에는 살아 있는 교회가 많았다.

선교지가 전투가 벌어지는 전장이라면, 조국 교회는 전투를 지휘하는 사령부요 본부라 할 수 있다. 만일 본부가 무너지면 전투는 패배한다. 그러니 선교사들은 늘 조국을 위해 기도하는 것을 잊지 않는다. 선교사가 조국 교회에 대한 훈수를 두는 것이 외람되긴 하지만, 몇몇 감동적인 교회의 사례들을 말하고 싶다. 이것은 선교 현장에도 적용될 수 있는 이야기이기 때문이다.

신대원 동기이나 나보다 몇 살 형님이셔서 그때부터 친형처럼 좋아하고 따르는 목사님이 있다. 2012년도 한국 방문 길에 그분을 만나 뵙고 그 교회에서 두 차례에 걸쳐 선교 세미나를 하고 레위기를 주제로 여름 수련회를 인도했다.

　　형님의 목회 현장을 보고서 너무나 숙연해지고 뭐라 할 말이 없이 그저 감사한 마음이 가득 찼다. 그분은 전라북도 어느 읍내에 있는 교회를 십수 년째 목회하고 계신다. '이런 분이 계시니 우리 조국 교회는 이토록 사회적 지탄을 받으면서도 아직 살아 있는 것이구나' 하고 절감했다. 더불어 내가 아는 여러 큰 교회가 훌륭한 담임목사님들의 지도하에 대외적으로 알려지지 않았지만 사회적 구제와 선행 그리고 선교에 막대한 예산을 사용하고 있다. 나는 이것이 한국 교회의 희망의 징조라 본다.

　　어쨌든 그 교회는 50~60명쯤 모이는 지방의 전형적인 작은 목양지였다. 목사님은 그동안 훨씬 안정적인 교회로 옮길 기회가 있었다고 한다. 추천도 몇 번 들어왔고, 본인도 생각을 품기도 했다고 한다. 한번은 아주 좋은 기회도 찾아왔지만, 결국 성도들을 떠날 수 없어 교회에 주저앉았다고 한다. 성품이 얼마나 좋으신지, 얼굴을 보면 늘 웃는 모습이시다. 언제나 상냥하고 호탕하게 웃으며 양들을 보살피는 분이셨다. 세 자녀에게 말할 수 없이 자상하게 대하시는데 하나님의 사랑이 그대로 느껴지곤 했다.

　　선교 세미나 첫날, 저녁을 대접받은 뒤 교회 예배당과 붙어 있는 사택에 들어가게 되었다. 형님이 월드컵 예선전인 한국과 우즈벡 축구 경기를 집에서 같이 보자는 것이다. 축구 광팬인 나는 너무 기대가 되었다. 남아공에서는 집에 TV를 두지 않고 살아 언제나 경기를 못 봤는데, 이제 좋은 평면 TV로 오랫만에 여유 있게 흥미진진한 축구 경기를 보게 되는구나 싶었다.

그런데 집에 들어가서 TV를 보고는 깜짝 놀랐다. 그 TV는 아파트 경비 아저씨가 한 평짜리 좁은 경비실에서 무료함을 달래려고 갖다 놓는, 라면 박스만 한 고물 TV였던 것이다. 잠시 충격을 받았다. 그 이전에 이미 나는 형님이 타고 다니시는 자동차를 보고 마음이 아프고 죄송한 마음이 가득한 상태였다. 얼마나 오래된 차인지, 레간자라는 요즘 보기 힘든 차종에 여기저기 찌그러지고 길고 짧게 긁힌 자국들이 선명하게 나 있고 같은 색깔의 땜질 스티커로 여러 군데의 페인트 벗겨진 곳을 붙여 놓은 차였다.

형님은 교회에서 받는 사례비가 100만 원이라 한다. 나머지는 사모님이 교회에서 어린이집을 경영하는데 형님도 유치원 기사로 일하며 봉급을 받아 생활비를 채운다 한다. 그럼에도 그 형님은 놀랍게도 교회에서 선교사를 파송했다는 것이다. 게다가 주보를 살펴보니 예닐곱 분의 선교사님들과 그 외 몇 군데의 어려운 교회와 단체들을 후원까지 하고 계셨다. 정말 '이럴 수가'라는 말을 내뱉지 않을 수 없었다.

내가 아는 많은 소규모 교회의 목사님들은 교회 형편상 선교와 구제는 상상도 못한 채 우선 자신의 교회 사역에 집중하면서 자기 앞가림을 먼저 하신다. 그러나 그 형님은 자기 차가 폐차 직전이고 집에 가전제품도 번듯하지 않은데도, 선교사 파송과 더불어 몇 군데 후원이라니 말도 안 되는 이야기였다. 가까운 기도원에 잡아 놓은 숙소를 오가며 형님 생각을 하면서 여러 번 하나님께 기도를 올렸다. 그 형님과 사모님이 정말 너무 고맙고 감사해서 말이다. 자기 욕심을 다 내던지고 먼 이국땅에 선교하러 간 사람들을 먼저 후원하고 계시는 그분들께 복을 내려 주시길 기도한 것이다. 교회는 작다 할 수 있을지 모르나, 그야말로 큰 목회를 하고 계시는 분들이었다.

선교지에서 만날 경제적으로 힘들다고 하소연하고, 고물차와 씨름하며 틈만 나면 차 때문에 투덜거리던 나 자신이 너무나도 부끄러웠다. 앞으로 절대로 그런 불평을 하지 않겠노라고 결심했다. 그 형님 목사님과 같이 저렇게 우리 선교사들을 돕고 계신 분들이 있는데, 어떻게 우리가 불평을 늘어놓으며 살고 선교지에서 좋은 차, 번듯한 집과 고급 가전제품을 누리며 살 수 있단 말인가. 도저히 그럴 수는 없다는 생각을 다시금 품는다.

어쨌든 이런 풀뿌리 교회들, 그리고 귀한 목사님들이 계시니 조국 교회는 아직 희망이 있다. 어찌 보면 도시의 큰 교회들이 아니라, 변방의 이런 작은 교회들이 우리 조국 교회의 생명을 지탱시켜 주고 있다. 정말 고마운 일이 아닐 수 없다.

그리운 선배들의 바닥정신

"2천 명 이상 교회의 부목사 출신 우대." 어떤 기독교 신문에 광고된 어느 교회 후임 목사 청빙 조건의 하나다. 이젠 아예 노골적으로 우리의 교회들이 담임목사 자격 조건으로 중대형 교회 사역 경험을 거는 때가 되었다. 전에는 교회 내부에서 은밀하게 우선된 조건으로 삼았는데 말이다. 불행한 일이다. 이렇듯 요즘 담임목사 청빙의 조건이 중대형 교회 부교역자 경험인 것이 유행인데, 실제로 대형 교회 부목사 경험자가 가장 우대를 받는 현실이다. 목회는 바닥정신이 가장 중요한데, 우리는 본질에서 점점 벗어나고 있다는 생각이 든다.

나는 결코 대형 교회 반대론자가 아니다. 교회의 크기로 좋고 나쁨을 결정하는 것은 대단히 비성경적이다. 나는 교회는 규모별로 각자의 역할과 사명이 있다고 생각한다. 나도 만일 목회를 하다 교회가 건강하게 큰 규모로 성장한다면, 더할 수 없이 하나님께 감사를 올릴 것이다.

그러나 '대형 교회 부목사 경험,' 이것처럼 어리석은 요구 조건도 없다고 본다. 목회 경험이 미천한 내가 이런 말을 할 자격이 있는지 모르겠지만, 상식적으로 생각해 보아도 이런 발상은 어리석다. 이것은 대기업 중견 간부 출신이면, 다 중소기업 사장을 잘 할 줄 아는 것으로 생각하는 것과 하등 다를 바 없다. 결론부터 말하면, 대기업 중견 간부가 중소기업 사장을 맡으면 금세 대기업을 일으킬 거란 생각은 엄청난 착각에 불과하다.

과거 우리나라 대기업을 일으켰던 분들을 보라. 이분들은 모두 바닥에서 맨손으로 신화를 만든 사람들이었다. 그러나 그 회사 중견 간부로 들어간 사람들이 회사를 따로 차려 주면 사실 그렇게 기업을 일으킬 수 있는 사람이 얼마나 있을까. 현재 한국 대기업의 CEO들은 창업주의 아들들이 대부분인데, 아버지가 일으킨 업적을 기반으로 기업을 운영한다. 그런데 나는 그 아들들이 자신들의 아버지처럼 바닥에서 기업을 일으킬 수 있었을지는 대단히 의심스럽다.

그럼에도 지금의 교회들은 마치 대기업의 중견 간부를 동네 슈퍼마켓에 불러오면 금방 거대한 백화점으로 성장시킬 것처럼 확신하는 것 같다. 그러나 교회는 좋은 목회자의 기준으로 그가 바닥정신과 도전 정신이 있는지를, 또한 무엇보다 목회자이니만큼 신실한 믿음, 인격과 살아온 과정의 진실함이 있는지, 그리고 설교 능력과 함께 인간관계가 좋은지를 살펴야 할 것이다.

맨땅에서 자수성가한 기업가들과 마찬가지로, 대형 교회를 이루고 존경받는 목사님들은 모두 교회를 개척해서 시작하신 분들이다. 다른 목회적 업적을 이루신 많은 분들도 예외가 아니다. 대부분 바닥정신을 갖고 벽돌 한 장씩 땀을 흘려 헌신한 결과 그 일을 이루었지, 2천 명 이상 교회 출신은 매우 드물었다.

그러나 지금은 대다수 교회가 중대형 교회 목회 경험과 일류 대학 출신들을 최우선으로 고려하는 가운데 박사 학위가 있으면 금상첨화다. 분명 그런 분들 중에도 좋은 목회자들이 많이 있을 것이다. 또한 큰 교회의 경험이 중요하지 않다는 이야기도 아니며, 그런 교회에서 사역을 해보고 싶어 하는 것을 결코 잘못되었다 할 수 없다. 솔직히 나도 젊다면 해보고 싶은 경험이기도 하다. 그러나 분명 그걸 담임 목회 자격의 절대 기준으로 삼는 것은 성경적이지 못하다는 것이 나의 생각이다. 위의 청빙 기준은 사도 바울도 베드로도, 사도들 중 그 누구에게도 부합하지 않는다. 청교도의 거장 목사님들도 자격 미달이다.

안타깝게도 이런 청빙 기준은 교회를 무슨 회사나 기업처럼 생각하기 때문에 나온 발상이다. 담임목사가 탁월한 경영 능력을 갖춘 CEO가 되길 요구한다. 사실상 교회 부흥의 목표의 기저에는 자신이 속한 조직의 성장과 확대를 통해 자신의 욕망을 대리적으로 성취하고픈 인본주의적 사고가 깔려 있다. 내 교회의 부흥은 내 세력의 확대이고 나의 조직의 성공이다. 심하게 말하면 내 교회만 부흥하면 된다. 다른 교회는 중요하지 않다.

사실 후임 담임목사로 가장 안전하고 확실하게 검증이 된 사람은 그 교회를 거쳐 간 부교역자 중 가장 인상 깊고 신실하고 능력이 있던 분이라는 생각이 든다. 그런 분은 그 교회의 특징과 체질을 누구보다 잘 알기에 잡음이 없이 건강한 교회로 성장시킬 가능성이 크다. 실제로 많은 교회가 그렇게 하여 좋은 결과를 맺곤 한다. 그러나 후임 담임목사로 중대형 교회 경력자를 뽑은 뒤 간혹 성공한 경우도 있지만, 많은 교회가 그분의 목회관과 준비해 온 프로그램이 자신들의 교회 현실과 맞지 않아 실패하곤 한다.

또한 이런 관행의 더 큰 부작용은 이로 인해 대부분의 신학생들이 중대형 교회 부교역자로 들어가는 것에 목회 인생을 걸고 있다는 점이다. 마치 대기업 취업 열기와 동일하다. 교회가 세상과 다르지 않게 되었으니 참으로 안타까운 현실이다. 이건 정상이 아니다. 우리 모두가 총체적으로 교회를 망치는 길로 함께 가고 있는 것이다. 곳곳에 빨간 신호등이 켜진 지금, 우리는 멈춰 서야 한다. 우리 시대가 중대형 교회 출신과 일류 대학 출신자들을 선호한다 해서, 우리가 이런 시류에 부응하며 따라가선 곤란하다. 다들 경력을 쌓고 스펙을 쌓기 위해 취업하듯 중대형 교회로 몰리는 지금, 이제 바닥정신은 어디로 갔으며 아골 골짝 빈들로 가겠다는 마음은 어디로 가버린 것일까.

　많은 우리 선배 목사님들은 그렇게 목회하지 않았다. 바닥을 마다하지 않았다. 어떤 분들은 한 곳에 교회를 개척한 후 그 교회가 자립하고 안정을 찾으면 미련 없이 그곳을 떠나 또 다른 복음의 불모지에 교회를 세우고, 또다시 거길 떠나서 다른 곳에 가서 복음을 전하며 교회를 세우는 일을 하다 자신의 전 생애를 복음을 위해 불살랐다.

　이런 전적 헌신의 삶을 사시다 하나님 품으로 돌아가신 어떤 신실한 목사님의 손자 한 분이 이곳 남아공에 신학을 공부하러 오셨는데, 그분 또한 조부의 위대한 신앙의 유산을 아름답게 물려받으신 것을 보았다. 바로 그런 선배들의 희생 덕에 오늘의 조국 교회가 있게 된 것이다. 그러나 이제 이런 기개 있는 사람은 푸대접을 받고 수천 명의 큰 교회에서 일을 해본 목사가 대접을 받는 시대가 왔으니 참으로 불행한 일이 아닐 수 없다.

　그럼에도 아직은 자신의 모든 것을 복음을 위해 불사르겠다고 선교에 헌신하는 사람들이 이토록 많다는 사실에 위안을 얻는다. 그들 중 많은 분들은 얼마든지 2천 명 이상의 교회에서 담임 목회를 할 수 있는 능력이 있지만, 또 더 뛰어난 스펙을 쌓을 수도 있었지만, 기꺼이 복음을 들고 땅끝까지 나가셨다. 선교하는 백성은 망하지 않는다. 조국 교회는 유명한 큰 목사님들 때문이 아니라, 풀뿌리 목회를 감당하고 있는 분들과 더불어 이와 같은 선교사들 때문에 무너지지 않을 것이다.

큰 교회를 경험해 보지 않았어도, 준비된 큰 인물이 모두 큰 일을 하는 법이다. 큰 교회 경험이 중요한 것이 아니라 지금 있는 바로 그 자리에서, 한 순간 한 순간 목회자로서 살아가는 과정 속에서 큰 생각과 큰마음, 그리고 큰 사랑을 품는 것이 중요하다. 그것이 큰 사람을 만드는 것이다. 특히 목회를 준비하는 신학생은 반드시 바닥 세계를 경험해 보아야 할 것이다. 오히려 아무도 안 가는 곳에 가서 부흥을 이루라. 설사 부흥을 못 이루면 어떤가! 그저 한 영혼 한 영혼을 위해 최선을 다하라. 그것이 충성을 다한 다섯 달란트와 두 달란트 받은 자의 멋진 헌신이 아니겠는가!

담임목사 청빙
_○○ 목회를 잘할 수 있는 분

감사하게도 여전히 많은 교회들은 출중한 스펙과 중대형 교회 부목사 출신을 무조건 선호하는 것은 아니다. 전도사 시절, 나는 창신동 봉제 공장 골목에 있었던 '창신XX교회'를 3년 정도 섬겼다. 당시 그 교회는 성도가 800명 정도 되는 꽤 큰 규모였는데, 나는 오래 전에 은퇴하신 그 담임목사님을 지금도 깊이 존경하고 있다.

그분은 교회 개척 후, 당시 25년이 다 되도록 명절 때 고향 한 번 못 가보셨다고 한다. 이유는 단순했다. 목사님은 이렇게 말씀하셨다.

"이 동네 봉제 공장들에 명절이 돼도 돈이 없고 갈 데가 없어 고향에 못 내려가는 나의 성도들이 너무 많아. 그러니 내가 어떻게 고향에 가겠느냐."

존경하는 나의 목사님이시다. 그분의 그 한마디는 그 어디에서도 배울 수 없는 거룩한 목회적 가르침이었다. 그분의 그런 삶의 모습에 목회의 모든 것이 다 담겨 있었다.

내가 그 교회를 떠난 지 수년이 지난 후, 그러니까 지금부터 십수 년 전에 목사님이 은퇴하시고 후임 담임목사를 청빙하게 되어 〈기독신문〉에 광고를 냈다. 사실 그 교회도 이전에 이미 큰 교회 부목사 출신을 후임 담임목사로 모셨다가 그분의 목회 철학이 그 지역과 교회의 정서와 너무 맞지 않아 서로 크게 마음고생을 하다 헤어진 뒤 다시 새로운 담임목사님을 찾고 있었다.

그런데 어느 날 나는 〈기독신문〉에서 전에도 보지 못했고 그 후에도 결코 보지 못했던 파격적인 창신XX교회의 담임목사 청빙 광고를 보았다. 내 눈이 휘둥그레지는 어이없는 광고였다. 그러나 마음이 참 기쁘고 감사했다. 간단히 말하면 광고가 이랬다.

"자격: (다 필요 없고) 서민 목회를 잘할 수 있는 분"

〈기독신문〉 구인란에 나온 문구 그대로다. 다만 앞의 괄호의 '다 필요 없고'는 내가 임의로 집어넣은 문장이긴 하나 실제적인 의미가 그러했다. 다 필요 없고 창신동 봉제 공장 서민들을 잘 이해하고 사랑해 줄 수 있는 분이면 된다는 것이다. 다른 교회 같았으면 여전히 중대형 교회 출신의 학력이 높은 분들 중 자신의 교회의 정서와 정책에 맞는 사람을 찾았을 것 같다. 그러나 그 교회는 그저 서민적 목회자를 만나기를 원했다.

오늘 조국 교회가 바로 이런 청빙 광고를 기준으로 삼았으면 좋겠다. 이런 광고가 사방에 나붙는 모습을 보면 정말 좋겠다. 우리에게 진정으로 성도를 사랑하고 온전한 말씀을 가르치고, 서민을 위해, 가난한 자들을 위해 눈물을 흘릴 줄 아는 목사면 됐지 뭐가 더 필요하단 말인가? 박사가, SKY 대학이, 2천 명 이상 교회 부목사 경험이 도대체 뭔 필요가 있단 말인가?

복음은 변방의 역사요, 부족하고 약한 자의 헌신을 통해 열매를 맺는다. 다 필요 없고, 서민 목회를 잘할 수 있는 분, 한 영혼을 눈물로 불쌍히 여길 줄 아는 목회자, 그런 분 어디 없을까? 선교 현장이든 국내 목회 현장이든 이런 분들이 오늘날 필요하다. 조국 교회여, 이런 분들을 주저 없이 모셔 가기를….

학자의 길로 부르신 하나님

2013년 9월 프레토리아 대학에서 하나님의 은혜로 구약학 박사 학위를 받았다. 논문 제목인 '레위기에 나타난 속죄제와 속죄일'에 대한 문제는 한국에서 박사 학위를 공부하면서부터 오랜 관심 분야였으나, 선교사로 부름을 받아 남아공에 도착한 후 더 이상 공부를 진행하지 못했다. 마음속에 6~7년은 선교에 집중하다 안식년에 몰아쳐서 연구를 마쳐 보겠다고 결심했는데, 선교 7년차 되던 해에 비로소 속도를 내서 약 1년 4개월 정도 집중한 끝에 논문을 완성하게 되었다. 급하게 쓴 논문이었음에도 생각지도 못하게 하나님의 은혜로 논문이 좋은 평가를 받았다.

내가 이 주제에 관심을 갖게 된 것은 한국에서 구약학의 은사이신 김의원 교수님의 제안 때문이었다. 레위기를 비롯한 오경에 나오는 속죄제와 속죄일에 의해 어떻게 인간의 죄와 부정함이

해결되는지에 대한 논쟁, 즉 속죄 매커니즘에 대한 이해는 그동안 세계 구약 학계의 난제 중 하나였다. 특히 밀그롬이란 유대 랍비 학자는 속죄제의 피는 인간의 죄를 닦아 내는 것이 아니라 성소에 뿌림으로써 인간의 죄로 더럽혀진 성소를 닦는 기능만 할 뿐이며, 인간의 죄는 죄 고백과 회개만으로 충분히 제거된다고 주장했다. 그 후 이 문제로 오랫동안 수많은 토론이 있었고 지금도 불꽃 튀기는 논쟁이 진행되고 있으며 많은 이론이 난무하고 있다. 그만큼 이 주제는 풀어내기 어려운 과제였다.

나의 지도교수는 프레토리아 대학의 구약 학과장을 지내고 이제 은퇴하신 펜터(P. M. Venter) 교수였다. 이분은 지혜서와 선지서 및 오경까지도 정통한 실력파였다. 펜터 교수 또한 거의 모든 서구 학자들이 그렇듯이 온건한 비평주의자이지만, 다행히 모세 오경의 통일성을 수용하는 입장이셨기에 보수적 관점으로 논문을 쓰는 데 큰 문제는 없었다. 지도교수는 나의 주장과 이론 및 논리 전개를 칭찬하며 논문의 논지와 내용을 그대로 받아주셨다.

레위기 전공자로서 나중에 프레토리아 대학의 신진 교수로 임용된 메이어(Meyer) 박사가 부심이었는데, 이분은 나의 논문에 대해 이런 평가를 해주셨다.

"김은 고난도의 전문적 문제를 다루었는데, 이것을 탁월하게 잘 해냈다."(Kim has engaged with a high technical problem, and he has done this extremely well.)

외부 심사위원이었던 독일의 파가니니(Paganini, 독일 RWTH Aachen 대학) 교수는 쐐기 문자 전문가에다, 고대 근동학에 정통하고, 또한 모세오경 배경사의 연구자인 젊은 신진 독일 교수다. 특히 고대 근동어에 능통한 이분은 나의 논문이 속죄제와 속죄일 문제에 근원적 해결책을 제시하며 새로운 장을 열었다고 말하며 반드시 출판되어야 할 논문이라 평가해 주었다. 그 외 지도교수와 심사위원들도 모두 논문의 출판을 강력히 추천해 주셨다. 전혀 예상치 못한 평가와 반응들이었다. 선교사로서 시간이 워낙 촉박해 학위를 마치기만 해도 다행이라 생각한 입장이라 더욱 그러했다.

나는 평일의 속죄 제사와 속죄일의 속죄 제사를 통합적인 속죄제의 메커니즘 속에서 운용되는 연결된 속죄 제사 시스템으로 보고, 기존의 주요 학자들의 이론을 모두 뒤집고서 전혀 새로운 이론을 제시하게 되었다. 이 주제는 속죄제에서의 안수, 남은 고기 처분, 피 의례 등이 무슨 기능을 했느냐에 대한 해석이 천차만별인데, 그것들의 각 해석에 따라 학자들은 전혀 다른 속죄제 메커니즘을 내놓게 된다. 그로 인해 열이면 열, 학자마다 각기 다른 견해를 제시하고 있는 실정이다.

그러나 나는 신약의 두 개의 구절을 전제로 삼고 작업을 시작했다.

"보라 세상 죄를 지고 가는 하나님의 어린 양이로다"(요 1:29).

"이는 죄를 위한 짐승의 피는 대제사장이 가지고 성소에 들어가고 그 육체는 영문 밖에서 불사름이니라. 그러므로 예수도 자기 피로써 백성을 거룩하게 하려고 성문 밖에서 고난을 받으셨느니라"(히 13:11-12).

이 두 신약의 선포가 진리라는 신념을 가지고 연구를 시작한 것이다. 전제는 단순했으며, 결론은 전통적 입장의 재확인이었다. 유월절 양이기도 하고 속죄제 희생이기도 한 그 짐승은 인간의 '죄'를 대신 짊어지고 죄인인 인간을 위해 대신 희생해야 하며, 피는 속죄를 위해 뿌려져야 하고, 그 고기는 그 죄를 없애기 위해 태워져야 한다는 것이었다. 나의 연구는 기존의 학설들을 모두 뒤집고 새로운 사실들을 밝혀내며 왜 전통적 입장이 정당한지 구체적으로 증명한 대안적 이론의 제시였다.

나는 선교사이니만큼 그 어려운 과제를 포기할 생각도 여러 번 했다. 그런데 이 연구 과업은 하나님께서 내게 맡기신 일이라는 생각이 자꾸 들었고, 개인적으로 이 일을 꼭 마무리하고 싶은 열망이 컸다. 남아공에 와서도 조금씩 자료들을 살펴보긴 했지만, 뜬구름 잡는 식이었다. 그러다 7년 차 되던 해, 여전히 사역은 진행되는 상황이었으나 개인적으로 내게는 안식년이었던 셈인데, 그동안 밀린 자료와 새로 나온 연구물들을 뒤지고 모아 보았다. 새로운 자료들이 엄청 많이 쏟아져 나와 있었다. 모조리 다 읽었다. 특히 일부 독일어 자료들은 독일어를 다 잊은 바람에 필요한 부분만을 읽어 내는 데도 오랜 시간이 걸렸다. 그리고 중요한 어떤 책들은 다섯 번, 그리고 가장 중요한 책 서너 권은 일곱 번, 열 번을 반복해서 읽었다.

물론 안식년이라고 쉰 게 아니라 사역도 정상적으로 진행했다. 잠을 대폭 줄이며 그 좋아하던 축구도 끊어 버리고 열심히 했지만, 목표였던 1년 안에 끝내지 못하고, 1년 4개월이 소요되었다. 그러나 마지막 4개월은 감사하게도 동역자들이 내 상황을 배려하여 ABBA 강의를 다 빼주어서 집중력을 발휘할 수 있었다. 주제가 어렵고 다룰 내용이 많아 논문의 분량이 상당했다. 그러나 총신에서 존경하는 구약학 은사님들 아래서 신대원과 대학원 석·박사 공부를 집중하며 기초를 잘 다진 것이 실로 큰 도움이 되었다.

이 논문 작업은 나에겐 일생일대의 엄청난 과제였고, 정말 오래도록 밀린 숙제이기도 했다. 속죄의 메커니즘의 비밀을 풀어내는 이 과제가 너무 중대하다 보니, 솔직히 말해서 이 연구 작업을 다 마치면, 정말 죽어서 천국 가도 여한이 없겠다는 생각이 들 정도였다.

레위기로 박사 학위를 마친 뒤 2013년도에 2개월 정도의 한국 방문 길에 주변 사람들이 말해 주어 한 가지 새로운 사실을 알게 되었다. 외국에서 레위기로 박사 학위를 받은 분들이 국내에 두어 명 계시나, 성경 무오설을 믿는 보수적인 복음주의권에서는 내가 최초의 레위기 해외 박사 학위자라는 것이었다. 아마 레위기

자체가 어렵기 때문일 것인데, 그만큼 어떤 책임감을 느낀다. 방대한 레위기 연구에 갓 입문했을 뿐인 나로서는 겸손한 마음으로 더 많이 배우려 한다. 이제 선교사의 사명과 더불어 이래저래 레위기를 중심한 구약 연구의 학문적 사명은 나의 소명의 다른 한 축이 되어야 할 것 같다.

박사 학위를 마친 모든 남편들이 고백하듯이 반은 아내가 쓴 논문이다. 아내가 정말 너무 많이 고생했다. 마지막으로 모든 영광은 의당 하나님께 돌려야 한다. 나의 박사 학위 논문 서두에 '감사의 글'의 첫 문장은 이렇게 시작되었다.

"왜냐하면 나의 하나님의 좋은 손이 내 위에 있었기 때문입니다."["because the good hand of my God was on me."(느 2:8).]

이것이 나의 진심 어린 고백이다. 모두 그분이 한 것이라 고백하지 않을 수 없다. 앞서 말한 대로 나의 선교용 매일 아이디가 'goodhand'(좋은 손)인데, 언제나 주님은 나에게 바로 그 '좋은 손'이셨다. 선하신 주님이 당신의 좋은 손으로 나를 도와주셨다. 오직 그분께 영광을 돌릴 뿐이다!

헤어짐과 새로운 사명

이 책의 원고를 이미 완료해 놓은 지 수개월이 흐른 2014년 8월, 나는 한국으로 복귀하라는 성령의 지시하심을 받았다. 그리고 두 달 후인 10월에 국내로 돌아왔다. 구체적으로 말하긴 어렵지만 또다시 성령의 감동과 직접적인 개입하심이 있었다.

박사 학위를 마친 후 예상치 못하게 한국에서 레위기 강의와 세미나, 그리고 각종 저술 요청이 쇄도해 왔고, 나아가 여러 해외 선교지로부터 강의와 세미나를 해달라는 부탁을 받기 시작했다. 내 안에서도 거룩한 교회와 성결한 삶을 위한 말씀인 레위기를 모든 그리스도인이 이해할 수 있도록 대중적 언어로 풀어내고 싶은 사명감이 솟구쳤다. 또한 지금도 세계 구약 학계에 잘못된 속죄제 이론이 난무하는데, 이 토론에 뛰어들어 올바른 속죄제 이론을 알리고 싶었다.

더불어 국내에 들어올 때마다 미자립 교회와 개척 교회들이 선교로부터 소외되어 있는 것이 늘 마음에 걸렸는데, 언젠가 이들도 사도행전의 안디옥교회처럼 처음부터 해외 선교에 동참하도록 초청하고 싶었다. 선교를 위해서는 두 렙돈의 작은 돈이면 족하며 무엇보다 그들의 기도가 선교 현장에는 필요하기 때문이다.

하나님께서 새롭게 주신 이러한 몇 가지 사명을 감당하고자 나는 국내로 복귀했다. 어떤 자리에 있든지 나는 구약성경 강의와 레위기 주석을 비롯한 저술에 집중하면서, 방학 중에 틈을 내어 이렇게 해외 선교지를 방문하고 국내 여러 어려운 교회를 다니며 선교 동원에 전념할 계획이다.

남아공으로 날아갔던 그때와 똑같이 맨손으로 돌아왔다. 당시와 같이 복귀할 때도 거처도 없고 갈 바를 모르는 나그네와 같은 떠남이었다. 그러나 사명이 있으니 두려움과 염려는 전혀 없었다. "사랑 안에 두려움이 없고 온전한 사랑이 두려움을 내쫓나니"라는 요한일서의 말씀이 있다. 나는 이 말씀을 "사명 안에 두려움이 없다"라는 말로 바꿔 적용해도 된다는 것을 10년 전에 이어 다시 한 번 깨닫게 되었다. "사명 안에는 두려움이 없나니…."

인간적으로는 많은 두려움과 염려가 밀려오지만, 하나님께서 주신 내면의 사명이 그것을 밀어낸다. 사명이 있으면 담대함과 기쁨 그리고 감사가 있다.

ABBA 사역은 안정적인 탁월한 공동 사역 시스템이라는 것이 이번에도 증명되었다. 아무런 문제 없이 나의 공백이 다른 동역자들로 차고 넘치도록 메워진 것이다. 오히려 내가 떠나온 후 ABBA는 지금 네 명의 새로운 선교사와 유학생이 가세해 더욱 견고한 진용을 갖추게 되었다. 아내가 공동 사역으로 함께한 어린이 사역(VCM)도 마찬가지로 더욱 강한 결속력으로 순항할 것이 예상된다. 떠나올 때 내가 가르친 학생들에게 많은 편지와 문자, 그리고 선물을 받았다. 여러 번의 눈물 어린 송별식을 하며 우리는 서로에 대한 사랑을 확인했다. 제자들은 고마움과 아쉬움과 슬픔을 표현했다. 특히 떠나기 전날에는 하루 종일 밤늦은 시간까지 학생들에게서 많은 쪽지와 메일이 날아왔다. 이 감사의 글들을 하나하나 읽어 가면서, 너무 게으르고 부끄러웠음에도 내가 선교를 잘못했던 것은 아니구나 하는 생각이 들어 감사했다.

그러나 가장 큰 감동은 정작 가장 가까운 곳에서 왔다. 우리 집에 일주일에 한 번씩 일하러 오는 젊은 현지인이 있었는데 이름은 '제인'이다. 제인은 짐바브웨에서 왔는데 30대 초반의 아이 넷을 가진 엄마다. 일주일에 한 번 다녀갔지만, 정이 들대로 든 가족 같은 가정부였다. 그녀는 나의 아내가 주일학교를 섬기던 빈민촌에 사는데, 거기서 우리 집 그리고 다른 집으로 일하러 출퇴근하는 것이다. 우리 가족의 귀국 소식을 들은 제인이 나와 아내를 보면서 갑자기 울음을 터트렸다. 그리고 울먹이는 목소리로 이렇게 고백했다. "저와 우리 가족은 목사님과 사모님을 만나 모든 것이 변했어요. 목사님 때문에 예수님을 만나 예배를 드릴 수 있게 된 것이 너무 기뻐요. 저의 생활과 생각이 달라졌고 꿈도 생겼어요. 그리고 저를 식구처럼 잘 대해 주어 고마웠습니다."

나는 제인을 차별하지 않고 식구처럼 대하며 뭐든 풍성하게 채워 주고자 했다. 어느 날 제인이 사는 빈민촌 마을에 한인 선교사님 한 분을 모시고 가 교회를 개척한 뒤 곧바로 등록시켰는데, 제인은 그 교회에 한 번도 빠지지 않고 다닌다. 가장 눈에 띄는 변화였다.

또 다른 변화는 그녀가 꿈이 생기고 생활이 안정되었다는 것이다. 제인을 눈여겨본 나와 아내는 여러 한국인 집에 제인을 소개했다. 그녀는 이제 일주일 내내 일을 하며 수입을 얻게 되었다. 그녀는 그럴 자격이 있었다. 너무 착하고 성실하고 여느 현지인 파출부나 가정부와 달리 10원짜리 동전 하나도 호주머니에 슬쩍 담은 적이 없기 때문이다. 정직과 성실함이 그녀의 재산이었던 것이다. 돈을 꾸준히 모으고 있는 제인의 꿈은 중고 트럭을 사서 친오빠와 함께 여러 가지 물건을 파는 비즈니스를 하는 것이다. 조금 있으면 그 꿈이 곧 이루어질 것 같다.

헤어짐을 앞두고 너무나 아쉬워 눈물을 쏟는 제인을 보고 나 또한 눈물을 글썽이며 그녀를 꼬옥 안아 줬다. 그 어느 사람보다 이 한 사람에게 받는 진정한 감사의 표시가 내겐 더욱 소중히 다가왔다. 이 부족한 자를 통해 한 인생과 그의 가족의 삶이 변하게 해주신 하나님께 감사할 뿐이다.

내 이름은 아펠레스

10년 전 남아공에 와서 지은 원래 나의 영어 이름은 다니엘(Daniel)이었다. 그래서 사람들은 나를 '다니엘 김'으로 불렀다. 이 이름에는 남아공에서 바벨론 이방 땅에서 끝까지 신앙의 절개를 지킨 다니엘처럼 살고 싶은 마음이 담겨 있었다. 그런데 나중에 보니 너무 많은 사람들이 쓰는 흔한 이름이어서 가끔 구별이 안 되는 불편이 따랐다.

그러다 얼마 지나지 않아 하필 '다니엘 김'이란 동일한 영어 이름을 가지신 박사 과정 유학생 목사님 한 분이 ABBA 강의자로 영입되었다. 학생들이 혼동을 하니 한 명이 반드시 양보를 해야만 했다. 가위바위보 단판 승부로 결정할까 하다 언제부터 그 이름을 썼는지 대보자 했다. 그분은 12년 전 필리핀에 1년 단기 선교사로 가 있을 때부터 그 이름을 써왔다고 하셨다. 그 말을 듣고 나는 얼른 꼬리를 내리고 이름을 양보해 드렸다.

이번엔 아무도 안 쓰는 영어 성경 이름을 찾고야 말겠다는 일념으로 성경을 읽으며 뒤졌다. 흔한 이름은 이제 무조건 제외한다는 기준으로. 그러다 로마서를 읽는 중, 바울이 마무리 인사를 하는 마지막 16장에 이르렀다. 거기에는 35명이나 되는 사람의 이름이 나열되어 있다. 그중에 내 눈에 확 들어오는 한 줄과 어떤 사람의 이름이 있었다. 그 사람은 바로 '아벨레' 즉 영어로 '아펠레스'(Apelles)였다. 그에 대해 바울은 여러 다른 사람에 대해서 그러했듯이 딱 한 문장만으로 그를 평가한다.

"그리스도 안에서 인정함을 받은 아벨레에게 문안하라"(롬 16:10).

그리스도 안에서 인정함을 받은 자…. 이 짧은 문구가 내게 다가왔다. 나는 그날 하루, 이 문구 하나만을 붙들고 기도하고 묵상하며 보냈다. '인정받은'에 해당되는 헬라어 '도키모스'는 동전이나 금속을 주조할 때 제련 과정을 거쳐 이물질을 걸러 내 합격 판정을 받는 것을 지시하는 단어다. 즉 어떤 것이 시험이나 검사 과정을 통과하여 승인받는 것을 의미한다. 그래서 NIV는 그 뉘앙스를 살려 이렇게 번역한다. "Apelles, tested and approved in Christ." 다시 말해, '시험을 거쳐 그리스도 안에서 인정받은 아펠레스'라고 말하는 것이다.

그래서 공동번역은 아예 "그리스도를 위해서 무척 고생을 많이 한 아벨레"라고 번역한다. 한글 성경 이름 '아벨레'는 맹한 모습을 연상시키는 '헤벨레'와 조금 비슷해 잠시 망설였지만 이 이름이 너무나 귀하게 다가왔다. 나는 이것을 나의 영어 이름으로 사용하기로 결정했다. 나도 아펠레스 같은 사람이 되고 싶어서였다. 오로지 그리스도 안에서 인정을 받으면 내 인생은 합격인 것이다. 나머지는 그 어떤 것도 중요하지 않게 생각되었다.

더불어 현재 이 영어 이름을 쓰는 사람은 지구상에 별로 없다는 걸 알게 되었다. 인기 없는, 사실상 무명의 그리스도인이니까. 다만 역사 속에서 고대 로마의 유명한 화가 한 명이 이 이름을 사용했다는 것을 발견했다. 이렇듯 '아펠레스'라는 이름은 누가 쓰지 않으니 더 이상 헷갈릴 일이 없기에 또한 좋았다.

최근에 와서 '아펠레스'라는 이름이 나의 페이스북을 통해 알려지고, 또한 페이스북에 올린 그 이름에 대한 배경을 설명한 나의 글이 널리 읽히면서 그 내용으로 설교를 한 목사님들이 꽤 있었다고 들었다. 그래서인지 최근 아펠레스를 닉네임으로 쓰는 사람들이 더러 나오고 있는 것 같다. 아무래도 상관없다.

어떤 분은 성경에서 불과 한 줄 언급된 인물들에 대해 '한 줄 인생'이라 평가하며 수많은 페이지로 장황하게 이야기된 아브라함, 다윗, 모세와 같은 인물들과 견줄 수 없다고 말했다. 그리고 그런 한 줄 인생이 되지 않도록 현실에 안주하지 않는 도전적인 삶을 살 것을 각오하자고 하셨다. 상당히 동의하지만, 꼭 그런 것만은 아니란 생각이 들었다. 나는 오래전부터 성경에 스치듯 언급되고 지나간 인물들의 이름을 유심히 살피며 기억하는 습관이 있었다. 그리고 한 줄로 언급된 강한 인상을 주는 성경의 인물들은 모두 예사롭지 않았다고 생각했다.

특히 창세기 5장에 짧게 언급되는 에녹은 개인적으로 가장 좋아하는 인물 중 하나였다. 65세에 므두셀라를 낳은 후 300년을 하나님과 동행했던 사람. 나는 에녹을 구약에서 가장 위대했던 인물이었다고 평가한다. 그 300년간 인간 에녹이 얼마나 많은 풍파를 겪었을까? 인생이 다 그러한데 하물며 300년 인생이면 수많은 파란만장한 일이 생겼을 것이다. 그럼에도 그의 인생은 한 번도 하나님과 동행을 벗어나지 않았다. 그러다 보니 그대로 그분과 동행해서 천국까지 직행한 것이다. 성경은 에녹이 직업이 무엇이고, 재산이 얼마였고, 얼마나 유명했고, 무슨 업적을 남겼는지 관심이 없다. 다만 그가 300년을 하나님과 동행한 뒤 창세기 5장의 모든 사람들과 달리 죽음을 경험하지 않은 채 하나님이 데려가셨다고 말한다.

아펠레스도 마찬가지다. 직업, 신분, 재산, 성취 등 우리는 그에 대해 전혀 모른다. 다만 딱 한 줄 "그리스도 안에서 인정받은 자"라는 것뿐이다. "그리스도 안에서 합격한 자." 나는 그것이면 만족하려 한다. 이 자격을 얻으려면 사실은 온갖 시험과 시련을 통과해야만 한다. 나는 그런 사람이 되고 싶다. 그러면 내 인생은 성공한 인생이다. 나머지 모든 일들, 내가 하는 어떤 일과 성취도 내게는 부수적인 것에 불과하다. 그래서 나는 아펠레스를 나의 영어 이름으로 삼았다.

　내 이름은 아펠레스 김이다. 내가 뭘 하느냐, 지위가 뭐고 직업이 뭐고, 얼마나 유명하고, 무슨 일을 하고 있느냐는 중요하지 않다. 이건 사람들이 보는 것이다. 내가 하나님과 동행하고 있느냐, 그리스도께 인정받은 사람이냐가 가장 중요할 뿐이다. 그럼 된 거다. 우리가 어떤 사람이든, 뭘 하든지 말이다.

Epilogue
나보다 앞서 가시는 아버지

어느 노파에게 두 개의 단지가 있었다. 그녀는 우물가에 물을 길러 갈 때마다 어깨에 걸치는 긴 장대의 양 끝에 단지를 하나씩 매달았다. 두 단지 가운데 하나는 군데군데 금이 가 있었기 때문에 우물에서 물을 긷고 먼 거리를 돌아와 마침내 집에 도착하면 물이 절반밖에 남지 않았다.

흠이 없는 단지는 멀쩡한 자기 모습에 큰 자부심이 있었다. 반면 금이 간 단지는 항상 결점이 부끄러웠고, 절반밖에 물을 긷지 못하는 처지가 못내 슬펐다. 두 해가 지난 어느 날, 우물가 가까이 다다랐을 때 금이 간 단지가 노파에게 말했다.

"나는 금이 있어서 집까지 가는 동안에 계속 물을 흘리니 막상 집에 도착하면 물이 얼마 남지 않습니다. 허물 많은 저의 모습이 너무 부끄럽습니다."

노파가 웃으며 말했다.

"걱정하지 마. 네가 있는 쪽의 길가에는 꽃들이 있고, 반대쪽에는 꽃들이 없는 것을 아직까지 눈치 채지 못했니? 나는 네게 금이 있는 것을 알았기 때문에 네가 있는 쪽에 꽃씨를 뿌렸단다. 매일 집으로 돌아오는 길에 너는 하루도 빠짐없이 꽃씨에게 물을 주었어. 두 해 동안 네가 꽃씨에게 고루 물을 준 덕에 나는 마침내 예쁜 꽃을 거둬 식탁을 멋지게 장식할 수 있었단다."

-프레데릭 르누아르의《오직, 사랑》, '일곱째 날'에서

    초등학교 1학년 즈음이던가, 아버지와 함께 먼 고향 마을을 방문한 적이 있었다. 마을 입구의 버스 정류장에 도착한 뒤, 마을에 들어가던 트럭을 얻어 타 쉽게 목적지에 도착했지만, 돌아올 때는 지름길로 나지막한 산 두어 개를 넘어 버스 정류장까지 걸어와야 했다. 아버지는 해가 지기 전 서둘러 출발하셨다. 나는 아버지 뒤를 종종걸음으로 따라갔다.

    해가 조금씩 서산으로 뉘엿뉘엿 기우는 가운데, 아버지의 걸음이 빨라졌다. 점점 숲이 깊어지자 나는 어린 마음에 불현듯 무서워져서 엉뚱한 생각을 했다. 아버지가 나를 어디로 데리고 가시는 거지? 숲 속에서 무서운 짐승이 튀어나오면 어떡하지? 혹시 늑대가 아버지로 변신한 것은 아닐까? 지금 나를 잡아먹으려고 데려가는 것은 아닐까? 그런 무서운 생각을 하며 아버지를 따라가고 있는데, 아버지가 걸음을 잠시 늦추시더니 뒤를 돌아보셨다.

그리고 온화한 미소를 지으며 내 손을 잡고 말씀하셨다.

"둘째야, 힘들지? 조금만 더 힘내. 다 왔단다."

아버지는 묵묵히 다시 발걸음을 옮기셨다. 나는 아버지를 바짝 붙어 따라갔다. 두려움은 사라지고 마음이 편해졌다. 어느 순간 숲의 나무들 사이로 저만치 정류장이 보였다. 아버지는 나보다 앞서 가셨고, 나는 아버지를 따라가니 마침내 정류장에 도착하게 된 것이다.

'나보다 앞서 가시는 아버지…' 하나님은 내 삶에 바로 그런 분이셨다. 지금까지 내 앞서 행하시어 발걸음을 인도해 주셨고, 내 삶을 이끌어 주셨다. 때론 내게 용기와 위로를 주시고, 격려하시며 손을 잡아 주셨다. 그분은 나의 주, 나의 하나님이시다.

"너는 하루도 빠짐없이 꽃씨에게 물을 주었어."

금이 간 항아리와 같은 우리를 기쁘게 사용하시는 주님, 그분은 우리 모두의 하나님이시다.

냄새나는 예수
Stinky Christ: Christ among the Poor

지은이 김경열
펴낸이 정애주

국효숙 김기민 김의연 김준표 김진원 박세정
송승호 오민택 오형탁 윤진숙 임승철 임진아
정성혜 차길환 최선경 한미영 허은

펴낸곳 주식회사 홍성사
등록번호 제1-499호 1977. 8. 1.
주소 (04084) 서울시 마포구 양화진4길 3
전화 02) 333-5161
팩스 02) 333-5165
홈페이지 hongsungsa.com
이메일 hsbooks@hsbooks.com
페이스북 facebook.com/hongsungsa
양화진책방 02) 333-5163

2015. 1. 15. 초판 발행
2018. 5. 14. 4쇄 발행

ⓒ 김경열, 2015

• 잘못된 책은 바꿔 드립니다.
• 책값은 뒤표지에 있습니다.

ISBN 978-89-365-0326-0 (03230)